JEREMÍAS 15:16

Fueron halladas tus palabras, y yo las comí; y tu palabra me fue por gozo y por alegría de mi corazón; porque tu nombre se invocó sobre mí, oh Jehová Dios de los ejércitos.

LOS SECRETOS DE PENSAR SAGAZMENTE

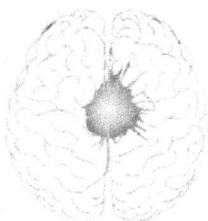

SUPERNOVA PARA CAMPEONES

GILDER WAINER IXCOY RODRIGUEZ

LOS SECRETOS DE PENSAR SAGAZMENTE: SUPERNOVA PARA CAMPEONES

ISBN: 979-8-218-82933-9
Categoría principal: *Autoayuda / Desarrollo personal*
Categorías secundarias: *Religión / Vida cristiana – Inspiración*
Negocios & Economía / Liderazgo & Motivación

Publicado por **Casa y Familia Publishers**
Con el apoyo de **Casayfamiliatv.com**
Impreso por diversos distribuidores autorizados a nivel internacional

✦ Agradecimientos ✦

Antes que todo, mi más profunda gratitud a Dios por su inmenso e inmerecido amor manifestado a través de su Hijo Jesucristo, el mejor regalo que hemos recibido. Gracias a Él y a la revelación concedida al apóstol Pablo, hoy gozamos de una bendición plena y eterna. Solo por medio de Jesucristo hemos recibido justicia perpetua, quien pagó un precio de sangre y sacrificio por nosotros. En su acto en la cruz, renunció al cielo por toda la humanidad en la tierra, anulando el acta de los decretos que nos era contraria y clavándola en el madero. Así nos hizo reyes y sacerdotes bajo la gloria resplandeciente de Dios. A Él sea la gloria y el imperio por los siglos de los siglos. Amén.

Después de este reconocimiento al que todo lo puede, deseo expresar mi sincero agradecimiento a mi amada esposa, Reyna, compañera de mis días por más de veinte años. Juntos hemos navegado por circunstancias adversas, dificultades económicas y retos del diario vivir; pero también hemos disfrutado de momentos de alegría inmensurable.

Reyna, tu constante apoyo en mi preparación e investigación sobre los misterios de la Biblia, así como en el uso de las herramientas que nos brinda la neurociencia, ha sido de gran ayuda para superar obstáculos en la vida. Hoy en día, la información está a nuestro alcance y ya no es excusa no comprendernos unos a otros en amor; como diría el apóstol Pablo: *"soportándoos los unos a los otros"*.

Gracias a Dios y a ti, este libro ha sido posible. Recuerdo un consejo que escuché hace muchos años de Napoleon Hill y que aún permanece en mí: *"La importancia de la mujer es pieza clave para levantar a su marido en las diferentes caídas"*. Concluyó diciendo que el hombre puede llegar a triunfar por sí solo, sin esposa ni hijos, pero que la verdadera alegría se encuentra en el calor de su hogar. Por eso aconsejo cuidar de nuestra esposa y de nuestros hijos como el tesoro más preciado.

Hoy declaro en estas letras que has sido un regalo de Dios. Has estado a mi lado en tiempos de escasez, mostrando una fortaleza y una fe inquebrantables. Eres la promesa divina que se cumple en mi vida, tal como lo expresa Proverbios 19:14:

✧ *"La casa y las riquezas son herencia de los padres; Mas de Jehová la mujer prudente."*

Tu amor y apoyo han sido fundamentales en mi vida y en la de todos los que te rodean, reflejando lo que dice Proverbios 11:16:

✧ *"La mujer agraciada tendrá honra, Y los fuertes tendrán riquezas."*

También quiero expresar mi gratitud a mis hijos en general. Todos ustedes saben que para mí no existen favoritos; desde el día en que nacieron tomé la decisión de amarlos a todos por igual, y gracias a Dios así ha sido. El Señor me ha permitido verlos crecer cada día, y sus actos de obediencia, así como su esfuerzo al estudiar con voluntad propia, han alegrado mi corazón, tal como está escrito en Proverbios 10:1:

✧ *"El hijo sabio alegra al padre."*

Ustedes han compartido conmigo momentos de escasez sin reproches ni descontento. Con la fidelidad de Dios hemos disfrutado juntos de una vida rica en enseñanzas y en caminos divinos. Aprecio profundamente sus esfuerzos, tanto en los estudios como en cada aspecto de su diario vivir. Gracias por ser ejemplos de buen comportamiento y por seguir mis consejos. Me llena de gozo ver cómo han comprendido el amor de Jesucristo, fuente de verdadera paz y vida eterna.

Mi gratitud también se extiende a toda mi familia en general, pues cada uno de ustedes es parte de mi vida y en mi corazón llevo un pedacito de cada quien. En especial agradezco a mis padres biológicos, Rigoberto y Nolberta Amparo, por el don de la vida.

Finalmente, deseo dar gracias a todos mis amigos en general, y a cada hermano en Cristo que Dios me ha permitido conocer. A todos ustedes: gracias. Cada palabra, cada conversación y cada consejo han sido un aporte al conocimiento que hoy poseo. No importa de dónde provenga la enseñanza; todo hombre o mujer que observa y escucha con atención, y sobre todo que actúa con firmeza, se convierte inconscientemente en sabio. Cada plática, cada charla, ha sido para mí como una perla añadida a mi colección mental. Su presencia en mi vida ha sido una bendición invaluable, permitiéndome experimentar la grandeza y la bondad humana.

Contenido

✦ Introducción ✦

Pensar no es simplemente un acto automático de la mente; es un arte, un don y un poder que, usado con sabiduría, puede transformar la vida entera. En estas páginas descubrirás que cada pensamiento es como una semilla capaz de abrir puertas invisibles, derribar muros de imposibilidad y encender la fe que vence al mundo.

A lo largo de la historia, los hijos de la luz han sido llamados a pensar con sagacidad: no desde la mediocridad de lo común, sino desde la grandeza de la fe, el propósito y la visión eterna. Este libro nace para enseñarte que **tu manera de pensar es tu manera de vivir**. Lo que crees, lo que declaras y lo que decides en tu interior, marca el rumbo de tu destino.

En estos capítulos recorrerás enseñanzas que van desde los fundamentos de Efesios 6:16, hasta la revelación del diezmo profético, la excelencia de tu creación, el poder de las palabras, la escalera de Jacob, y el misterio del mayordomo infiel. Cada capítulo es como un peldaño que te invita a subir más alto, a abrir tu mente a la luz de la Palabra y a descubrir que fuiste diseñado para heredar promesas eternas.

Aquí aprenderás que no basta con creer: hay que pensar con sagacidad, actuar con visión y vivir con propósito. Te darás cuenta de que la verdadera inteligencia espiritual no se mide por acumular conocimiento, sino por **discernir el misterio de Dios en lo cotidiano y aplicar la astucia de la fe en cada decisión.**

Al final de este recorrido no serás el mismo. Comprenderás que tus pensamientos no son pasajeros: son decretos invisibles que abren o cierran portales en el mundo espiritual. Y al igual que el águila, aprenderás a rejuvenecer en medio de la tormenta, levantándote con fuerza renovada para alcanzar tu destino eterno.

✧ Este es un viaje hacia el corazón del pensamiento sagaz. Prepárate para cuestionar, aprender y transformar tu manera de pensar, porque lo que está en juego no es solo tu presente, sino también tu eternidad.

Capítulo 1

Los secretos de pensar sagazmente

A veces, una historia que parece insignificante puede transformar la manera en que vemos el mundo... si sabemos detenernos a escucharla.

Como todo en la vida, muchas de las grandes enseñanzas o anécdotas suelen comenzar con historias impactantes y sencillas. Nada fuera de este planeta, pero que, si les prestamos atención a los acontecimientos que suceden a nuestro alrededor, descubrimos que de simples historias pueden surgir grandes lecciones que, en muchas ocasiones, dejan huella en nuestras vidas.

A muchos de nosotros —los que disfrutamos ver, escuchar y pensar— nos gusta después usar estas historias para compartirlas y reflexionar en los momentos adecuados, y en los lugares donde se necesite inspirar o motivar.

De esta forma, hoy quiero iniciar con una historia que viví personalmente, allá por el año 2017, basada en hechos reales, y que tiene mucho que ver con nuestra forma de pensar y de conducirnos en esta vida.

Cierto día normal, entre semana, experimenté una situación que muchas personas atraviesan por no tomarse el tiempo de sentarse a reflexionar. Fue en ese momento cuando decidí escribir este libro.

Impulsado por aquella experiencia, tomé la decisión de aportar un granito de arena a una sociedad que cada día enfrenta nuevos retos, con el propósito de mejorar nuestra forma de pensar.

Entonces, en un día normal, entre semana, mientras convivía con mis padres, tuve el honor de conocer a una amiga de la familia. En lo personal, no estaba familiarizado con ella, pero con el paso de los días fui conociéndola, hasta que, cierto día, la vi entrar por esa puerta que aún tengo clara en mi mente. Venía con el rostro entre lágrimas y, al mismo tiempo, asustada.

Llegó preguntando por la esposa de mi padre, y yo le respondí que enseguida llamaría a la esposa de mi padre. Mientras la llamé, ella la llevó a un rincón para platicar en voz baja, intentando que yo no escuchara lo que decía. Sin embargo, como diría alguien por ahí: *"sin querer queriendo"*, por los nervios de la muchacha no se dio cuenta de que estaba hablando en voz alta, por lo que pude escuchar con claridad el motivo de su visita.

Lo que a continuación voy a mencionarte es algo que he visto repetirse en muchas personas, sin importar su estatus social, cultura o etnia. Lo he presenciado en numerosas familias a lo largo de mi experiencia de vida.

La señora llegó llorando en busca de veinte quetzales con cincuenta centavos, porque accidentalmente se había gastado en tres pañales desechables la cantidad de cuatro quetzales con cincuenta centavos. En ese entonces, cada pañal costaba un quetzal con cincuenta centavos. Esto la llevó a desajustar los veinte quetzales que el marido —o esposo— le había dejado para la comida del día.

Aquello llamó mi atención como esposo de hogar con trece años de casado en ese entonces. La vida me presentaba este caso, basado en hechos reales. Por respeto, no mencionaré nombres, y cualquier parecido con esta historia no tiene la intención de herir sentimientos, sino, al contrario, ayudarte a reflexionar para que vivas una mejor vida.

> ☞ *Hoy decido abrir mi mente a nuevas ideas y permitir que mi pensamiento sea el motor de mi crecimiento.*

Entonces, la esposa de mi padre le respondió:

—Pero, ¿por qué lloras? Son cuatro quetzales con cincuenta centavos… no entiendo a qué te refieres.

Ella contestó:

—Lo que pasa es que, de los únicos veinte quetzales que mi esposo me dejó, de ahí tomé para comprar los pañales… y ahora ya no me ajusta para la cena ni para el desayuno que él lleva al trabajo mañana. Y lo peor de todo es que viene tomado, o pasado de copas. Mi mayor miedo es que me venga a gritar por haber comprado los pañales desechables y desajustado el dinero. Por eso he venido de prisa a buscar dinero… porque cuando él toma licor es muy rudo a la hora de llegar, y, según él, apenas ajustó para la comida de hoy y su desayuno de mañana —replicó la señora.

En lo personal, esto llamó aún más mi atención, ya que estaba frente a una historia para reflexionar y compartir en momentos adecuados, según se diera la oportunidad. Pues me había pasado veinte años analizando el comportamiento de muchas personas para luego sacar conclusiones de por qué suceden esas situaciones, mientras que, al mismo tiempo, trataba de obtener la mejor sabiduría bíblica y terrenal posible.

> ☞ *Hoy decido escuchar con atención las lecciones que la vida me presenta, incluso en las conversaciones que parecen simples.*

Entonces, como esto llamó mi atención —de cómo es que él llegaría molesto solo porque ella compró tres pañales desechables, mientras él llegaba bajo los efectos del alcohol—, me pregunté: *¿Cómo es que para los pañales no alcanzaba y para la cebada alcoholizada sí?* Buena pregunta para analizar.

Aún recuerdo que inmediatamente me levanté a hacer memoria de cuánto costaba la bebida alcohólica más barata del país. La más barata, en lata, estaba en un aproximado de cinco quetzales por lata, por lo que, para quedar ebrio, no se necesita solo una lata, ¿verdad?

Eso me llevó a pensar en cuánto se estaba gastando por día, porque ya era de todos los días que este varón llegara ebrio a su casa. Pero para los pañales y la comida no había dinero… mientras que para las bebidas alcohólicas sí.

Esto me llevó a recordar el versículo bíblico de **Juan 10:10:**

El ladrón no viene sino para hurtar y matar y destruir; yo he venido para que tengan vida, y para que la tengan en abundancia.

Cuál es el centro de esta historia, sencillamente un pensamiento, que puede servir para bien o para mal.
Este es el caso de muchas familias en el mundo entero. Lamentablemente, en la mayoría de los hogares se nos ha enseñado a trabajar, pero no a **pensar sagazmente**.

Imagínate este caso: un hombre se enoja con su esposa porque ella gastó únicamente **cuatro quetzales con cincuenta centavos**. Situaciones como esta reflejan que muchas veces no es el dinero lo que provoca conflictos, sino la manera en que **pensamos y reaccionamos**.

Como te dije anteriormente, llegar a escribir este libro —y también el anterior, titulado *Abismos del corazón*, que te recomiendo de todo corazón— me tomó más de **20 años de historias vividas y experimentadas**. Entre tantas experiencias, decidí dejar un legado especial para mis hijos y para quienes encuentren en estas páginas un consejo para su vida.

Durante ese trayecto de historias, hubo un momento en que me sentí confundido al analizar tantas vivencias. Sin embargo, un día escuché una conferencia del **Ingeniero Carlos Slim, de México**. En esa charla, alguien le preguntó cuál era el mejor libro que recomendaría. Su respuesta fue directa:

—*En lo personal, yo recomendaría el libro Outliers (Fuera de serie, en español), de Malcolm Gladwell.*

No esperé ni una hora. Inmediatamente lo compré para descubrir de qué se trataba.

Y ¡qué sorpresa! Al leerlo comprendí que no estaba solo en este camino de analizar los comportamientos humanos y las distintas culturas. Sentí una gran alegría, porque ese libro me confirmó que el verdadero secreto no está en los talentos con los que naces, sino en la **PERSISTENCIA**.

Esto cambió mi perspectiva. Aunque muchos creen que el éxito se hereda o depende de talentos innatos, la realidad es que se construye con disciplina y perseverancia.

En lo personal, también había pasado horas analizando el famoso libro *Piense y hágase rico*, que la mayoría conoce o ha leído. Pero muy pocos se han detenido a investigar **cómo y por qué nació realmente ese libro**.

Todo este proceso me animó aún más a continuar con lo que había iniciado. Hoy, después de **20 años de recorrido**, quiero entregarte este hermoso ejemplar. Estoy seguro de que te enseñará a **pensar sagazmente** y a convertirte en todo un **supernova**.

No importa si eres mujer u hombre: con toda seguridad, brillarás como nunca antes lo habías imaginado.

Análisis de un pensamiento que parece inofensivo, pero que destruye familias.

Regresando a la historia o anécdota vivida, si analizamos este pensamiento con un poco de detalle, veremos lo siguiente: aquel muchacho tomaba como mínimo tres veces por semana —suponiendo solo tres para no exagerar—, y para embriagarse necesitaba cinco cervezas cada vez, también para no exagerar. Ahora bien, si cada una costaba alrededor de cinco quetzales, los números serían los siguientes:

- **Gasto por ocasión**: 5 cervezas × Q5 = Q25.
- **Gasto semanal**: 3 × Q25 = Q75.
- **Gasto mensual**: Q75 × 4 = **Q300**.

➤ Ahora piensa sagazmente: Q300 al mes parecen pocos si se ven de manera aislada, pero en un año se convierten en **Q3,600**. ¿Qué pudo haberse hecho con ese dinero? Invertirlo en un negocio, en la educación de los hijos o en mejorar la calidad de vida del hogar.

Este ejemplo me hizo comprender que, muchas veces, el verdadero problema no está en la falta de recursos, sino en la falta de pensar con cordura, en la mala administración y en las prioridades equivocadas. Mientras para los pañales "no alcanzaba", para la bebida alcohólica siempre había.

☞ Hoy decido administrar con sabiduría mis recursos y priorizar aquello que edifica mi vida y la de mi familia.

Esta historia me lleva a meditar en un pensamiento muy popular que anda rondando por ahí y que, aunque parece sencillo, tiene la capacidad de transformar vidas —para bien o para mal—.

Un dia alguien dijo: *"No quiero una nación de pensadores, quiero una nación de trabajadores."* Estas fueron las palabras atribuidas a un famoso magnate estadounidense del petróleo, una frase muy popular que aparece en varias recopilaciones de sus dichos.

El pensamiento, en primera instancia, parece tener lógica. Es bueno que existan trabajadores responsables, pero el problema surge cuando se olvida lo más importante: **aprender también a pensar.** De lo contrario, este dicho solo puede aplicarse a ciertos intereses económicos particulares.

En la actualidad, ¿cuántas personas trabajadoras no existen? Como la historia que te narré antes: un hombre cien por ciento responsable en su trabajo, que jamás fallaba en sus labores diarias, a pesar de lo pesado de su oficio. Sin embargo, el verdadero conflicto llegaba en las tardes, al salir del trabajo.

Con esto no quiero decir que trabajar duro sea malo. Por el contrario, la Biblia respalda y honra al trabajador. Pero este esfuerzo debe ir acompañado de la capacidad de **meditar, reflexionar y priorizar lo mejor en la vida,** para aprovechar al máximo el fruto del trabajo.

En las Escrituras encontramos una clara enseñanza al respecto: **Proverbios 22:29 (RVR1960)**

"¿Has visto hombre solícito en su trabajo?
Delante de los reyes estará;

No estará delante de los de baja condición."
Claramente, este versículo refleja que, para estar delante de gente importante, no basta con ser un trabajador responsable; también es necesario ser un pensador sagaz.

No se puede llegar a la cima únicamente con esfuerzo físico: el trabajo debe ir de la mano con el pensamiento estratégico y sabio.

De nada sirve ser un buen pensador si no accionas tus pensamientos; y de nada sirve trabajar sin propósito si no sabes hacia dónde te diriges. Es aquí donde encaja el famoso dicho: *"No quiero una nación de pensadores, quiero una nación de trabajadores."*

La realidad es que, para alcanzar plenitud, necesitamos ser **ambos**: trabajadores diligentes y pensadores sagaces. Por mucho tiempo analicé la vida de muchas familias: tanto de padres como de madres, observando de qué manera educaban a sus hijos. Y, por alguna razón, descubrí que bajo pensamientos culturales y tribales, la mayoría trataba de dejar como herencia a sus hijos el ser buenos trabajadores en la vida.

En la mayoría de los casos que analicé, noté que influenciaban a sus hijos desde muy temprana edad a ser responsables con oficios en el hogar. Eso, en sí mismo, no es malo; sin embargo, lo que me llamó la atención es que, en silencio, muchos de estos padres no practicaban los buenos pensamientos ni buscaban la inteligencia y la sabiduría. Todo giraba únicamente alrededor del trabajo.

Entre ellos me encontraba yo. Desde los 14 años comencé a despertar un interés en reflexionar sobre esas formas de educar a los hijos en casa. Me propuse ser diferente cuando llegara a tener mi propia familia. Y gracias a Dios, con esfuerzo, he logrado adquirir sabiduría y conocimiento para cambiar esa idea de enseñar solamente a trabajar, para también enseñar a **pensar**.

Decidí que mis hijos no solo debían aprender a cumplir con sus labores, sino también a ser **intuitivos**, **analíticos de la vida**, y capaces de **proyectar conocimiento, inteligencia y sabiduría**.

Debo confesar que en mi niñez no siempre fui así. Fue hasta los 14 años cuando emprendí esa búsqueda. Y no fue una tarea fácil, sino una ardua jornada de aprendizaje y lectura para formarme y alcanzar el balance en la vida.

> ☞ *Hoy decido que mi esfuerzo irá acompañado de sabiduría. Trabajaré con diligencia y pensaré con claridad, para que cada acción me acerque a la plenitud que Dios preparó para mí.*

Después de muchos años de análisis culturales, crecimos juntos, y cuando yo tenía 20 años ya empezaba a observar la manera en que muchos padres inculcaban el trabajo a sus hijos. Aunque en el área del trabajo se esforzaban con mucho interés en formarlos, hoy en día esos niños han crecido y, en la mayoría de los casos, al llegar a la edad adulta, por alguna razón olvidaron la presión que sus padres ejercían sobre ellos para que solo trabajaran y cumplieran con los quehaceres del hogar.

He pensado mucho en las presiones de la vida diaria, y creo que ese es uno de los factores por los cuales, al no haber recibido formación en sabiduría e inteligencia, muchos de esos jóvenes no supieron cómo enfrentar el día a día.

Terminaron descuidando su propia vida y, en muchos casos, también la de su familia.

Una vez más, repito: con esto no quiero decir que enseñar a trabajar a los hijos sea malo. Lo que quiero resaltar es que, como padres, debemos tomarnos el tiempo de enseñarles también cómo superar obstáculos y desafíos de la vida. De esa manera no solo criaremos personas trabajadoras, sino también seres humanos sabios, inteligentes y conocedores de la vida. Solo así evitaremos repetir lo que he visto en tantas familias de distintas nacionalidades.

En muchos de los casos que presencié, las tareas impuestas a los adolescentes terminaron robándoles la oportunidad de disfrutar su juventud. Algunos llegaron incluso a odiar a sus padres. Me tocó conversar con madres que, en el pasado, trataron con dureza a sus hijos y que hoy han perdido su amor y cariño. ¿La razón? La falta de sabiduría en la manera de educar.

> ☞ *Hoy decido educar no solo con tareas, sino con sabiduría. Enseñaré a mis hijos a trabajar, pero también a pensar, reflexionar y proyectar inteligencia para transformar su futuro.*

¿Tienen ellas la culpa? Por supuesto que no. No escribo esto para señalar a nadie, sino para que no se repita la historia. Entonces, ¿quién tiene la culpa? En gran medida, la falta de personas capacitadas para dar un consejo oportuno sobre cómo tratar a los hijos sin ser tan duros con ellos.

Es necesario enseñarles a trabajar, sí, pero con **balance en todas las áreas de la vida**. Recuerdo el caso de una madre que enseñaba a su hija los oficios del hogar con rudeza, y con el paso del tiempo, esa hija terminó descarriada, en la calle, marcada con tatuajes y con el dolor de lo que había vivido en casa. Parece algo sencillo, ¿verdad? "Los oficios del hogar." Pero el trasfondo fue la dureza y no el amor con el que se le instruyó.

Algunos quizá digan: "Entonces, ¿vamos a criar vagos y holgazanes?" ¡Por supuesto que no! Lo que quiero subrayar es que debemos cambiar nuestra forma de pensar y buscar siempre un **balance en la educación**. Enseñar con sabiduría y equilibrio es la clave para no repetir el dolor que tantas madres han tenido que enfrentar.

Esa es una de las razones por las que muchos se refugian en el alcohol: por pasados insuperables que siguen marcando las vidas de personas que nunca fueron enseñadas a pensar con cordura. Tal como el caso de la historia con la que abrí este primer capítulo.

La escasez no llega por falta de trabajo, sino por falta de saber pensar. A decir verdad, me llama mucho la atención lo que dice en **Proverbios 13:23 (RVR1960)**

"En el barbecho de los pobres hay mucho pan;
Mas se pierde por falta de juicio."

Es exactamente el análisis que hicimos acerca de cuánto se gastaba el esposo en la historia narrada. A veces, por las presiones de la vida, se pierde el pan sin darse cuenta.

No es que no hubiera dinero, sino que faltaba **pensar sagazmente**.

Aunque finalmente no quiero descartar que hay muchas personas que, hoy en día, agradecen el esfuerzo de sus padres por la educación dura que recibieron. Y gracias a ello, hoy son hombres y mujeres de gran estima, con principios y valores íntegros.

Aunque esto haya sido así, quiero decirte lo que descubrí: esas personas salieron adelante no por la dureza con la que fueron tratados, sino porque **pusieron de su parte** para salir adelante, esforzarse en la adultez y superar toda barrera que se les presentó. Esa es la verdadera razón por la que lograron lo que lograron. Se formaron particularmente hasta hallar sabiduría para enfrentar las presiones de la vida diaria.

Claro está, esto no sucede en la mayoría de los casos. Entre ellos me encuentro yo. Tomé la decisión de adentrarme en algo más allá de lo que me habían enseñado. Y cuando llegaron las presiones y los obstáculos de la vida, supe enfrentarlos, tal y como lo han hecho muchos. De esa experiencia hablo en mi libro *Abismos del corazón*, un excelente recurso para aprender a enfrentar las presiones de la vida diaria.

> ☞ *Hoy decido no depender únicamente de la fuerza del trabajo físico, sino cultivar mi fortaleza mental con sabiduría, para superar todo obstáculo de la vida.*

En el caso de aquellos que no decidieron experimentar nuevos horizontes, no supieron seguir adelante. Algunos terminaron sumergidos en el alcohol; otros, tristemente, ya partieron de este mundo. Y todo porque, aunque se les enseñó a trabajar arduamente, **no supieron avanzar en medio de los desafíos de la vida.**

Trabajo había en abundancia, tal como se les enseñó. Pero el desafío aquí fue la falta de **pensar sagazmente.**

Aún recuerdo cuando mi abuelo me llevaba a trabajar entre la milpa, y tengo muy claras sus palabras: *"Hay que aprender a trabajar."* Y en parte eso fue bueno. Pero cuando la vida aprieta, lo único que cuenta es lo fuerte que eres **mentalmente.**

Hoy, con la ayuda de Dios, si has adquirido este libro, quiero seguir compartiendo contigo enseñanzas que estoy seguro —y no lo dudo ni un segundo— cambiarán tu forma de pensar para siempre. A Dios le doy las gracias por haberme concedido sabiduría durante 20 años; a Él le pertenece todo el crédito, porque de Él provienen todas las cosas.

Efesios 1:17 (RVR1960) "Para que el Dios de nuestro Señor Jesucristo, el Padre de gloria, os dé espíritu de sabiduría y de revelación en el conocimiento de él.

La gente anhela, desea, pero no ha sido enseñada a pensar diferente y con justicia.

En el siguiente capítulo veremos uno de los pensamientos que más ha afectado a nuestras familias sobre la faz de la tierra.

Capítulo 2

La bendición de saber cambia destinos

Una sola palabra de Dios puede cambiar tu historia... si la crees y la pones en práctica.

Hemos completado el primer capítulo y notamos que lo que parecía un pequeño detalle insignificante en la historia narrada, en realidad contenía una enseñanza mayor. Al resumir los gastos de un mes, descubrimos que es nuestra forma de pensar la que, muchas veces, nos lleva a enfrentar obstáculos. Por no detenernos a meditar un instante, terminamos creyendo que la bendición de Dios no está en nosotros.

Antes de pasar a otra maravillosa historia que nos ayude a cambiar la manera de pensar y avanzar hacia la plenitud del conocimiento paso a paso, quiero llevarte a un análisis de la palabra bendición. Porque cuando llegan los desafíos de la vida y, en medio de la dificultad y la desesperación por salir adelante —hablando en términos terrenales— escuchamos un versículo como este, es necesario tener herramientas para entender la dimensión del texto. Así, no solo nos emocionaremos, sino que conoceremos el principio que encierra y activaremos nuestra fe con pleno entendimiento:

> **"La bendición de Jehová es la que enriquece,**
> **Y no añade tristeza con ella."**
> — Proverbios 10:22 (RVR1960)

La verdad es que, para muchos, este versículo despierta diferentes ideas. Algunos piensan inmediatamente en lo económico; otros, en la riqueza terrenal. En la mayoría de los casos, se queda solo en una emoción pasajera, sin la mínima intención de vivir este principio. Hay quienes deciden esforzarse al máximo para alcanzarlo con la ayuda de Dios, mientras que otros se conforman únicamente con la emoción que el versículo produce.

> ☞ *Hoy decido abrazar la verdadera bendición de Jehová, que enriquece mi vida con alegría y sin tristeza. Mi mente se abre al conocimiento divino, y activo mi fe para caminar en plenitud.*

No digo que eso esté mal. Precisamente de eso trata este libro: de ayudarnos a comprender con mayor profundidad la verdadera bendición. Esa bendición que añade alegría y no tristeza. Esa que nos enseña a pensar y a comprender lo que significa la palabra "bendición" en toda su dimensión, dándonos herramientas para no repetir los errores mencionados en el capítulo anterior.

Porque este principio siempre ha estado ahí. Algunos lo rechazan sin darse cuenta; otros lo aprovechan plenamente. Y aunque algunos se olvidan de agradecer a Dios, Él es fiel y sigue dando sin medida a quienes se lo piden.

✦ Descifrando la palabra "Bendición"

La palabra *bendición* viene del latín ***benedictio***, que significa literalmente **"bien decir"** (*bene* = bien; *dicere* = decir).

En hebreo, la palabra es *barak*, que también significa bendecir, felicitar o alabar.

En griego es *eulogeō*, de donde viene nuestra palabra *elogio*, que igualmente significa **hablar bien**.

Así que bendecir es **hablar bien**, declarar bien sobre alguien, pronunciar palabras de bien, favor o prosperidad.

En la Biblia, cuando Dios bendice, o en otras palabras, cuando Dios hable bien de ti, no es solo un conjunto de palabras bonitas, sino que sus palabras **crean, transforman y traen vida y propósito**.

Por ejemplo, en Génesis 1:28, cuando Dios bendice al hombre y a la mujer, no es un simple deseo, sino un acto creativo y efectivo: *"Fructificad y multiplicaos."*

Cuando nosotros bendecimos —es decir, hablamos bien de algo o de alguien, declarando palabras de bien—, realizamos un acto positivo. Allí está la clave de todo. Pero cuando Dios bendice, lo que Él dice ocurre, porque tiene **poder creador**:

"Así será mi palabra que sale de mi boca; no volverá a mí vacía, sino que hará lo que yo quiero, y será prosperada en aquello para que la envié." — Isaías 55:11 (RVR1960)

El versículo afirma: *"y será prosperada en aquello para que la envié."* En otras palabras: ¿qué estás haciendo bien para que Dios envíe palabras de bien sobre tu vida y haga prosperar tu camino?

Ahora bien, ¿qué puede enviarnos el Señor para que prospere en nosotros?

Lo primero que Dios envía es **su Palabra**: promesas, el mandamiento nuevo de Jesús. Aunque a veces cueste comprender este principio, Él nos da maravillosas instrucciones, consejos, consuelo y corrección.

> ☞ *Hoy decido recibir la Palabra de Dios como semilla viva que prospera en mí.*
> *Reconozco que cada instrucción y promesa enviada desde Su boca tiene poder creador y transforma mi destino.*

Todo lo que Dios dice tiene propósito y poder creativo. Pero me dirás: *"Para comenzar, no estoy haciendo nada bien."* Excelente punto. Precisamente ahí es donde quiero llevarte, porque este es uno de los principales obstáculos por los cuales la mayoría no recibe de Dios. En su interior se sienten llenos de culpa.

Como lo especifiqué en el capítulo anterior, la culpabilidad de nuestros errores nos conduce a bloquear lo que Dios tiene preparado para nosotros. Lo más difícil, podría decir, es que en la mayoría de los casos esta culpabilidad opera inconscientemente, aprisionando a cada individuo para que no logre cumplir su propósito en la vida.

¿Por qué te digo esto? Porque primero te pregunté: *"¿Qué estás haciendo bien para que Dios hable bien de ti?"* Lo hice para que te autoexaminaras en tu interior. Pero la verdad es que, por nosotros mismos, lograr el favor de Dios es imposible.

☞ La Biblia lo declara claramente:

> **"Por cuanto todos pecaron, y están destituidos de la gloria de Dios."**
> — Romanos 3:23 (RVR1960)

Si nos basáramos solo en este versículo, sería imposible que Dios hablara bien de nosotros, a no ser que alcanzáramos la estatura de aquellos hombres que Él escogió en el Antiguo Testamento para liderar a Su pueblo. Pero hay esperanza. El versículo anterior lo dice así:

> **"La justicia de Dios por medio de la fe en Jesucristo, para todos los que creen en él."**
> — Romanos 3:22 (RVR1960)

► Y continúa en los versículos 24 y 25:

24 "Siendo justificados gratuitamente por su gracia, mediante la redención que es en Cristo Jesús,

25 a quien Dios puso como propiciación por medio de la fe en su sangre, para manifestar su justicia, a causa de haber pasado por alto, en su paciencia, los pecados pasados."
— Romanos 3:24-25 (RVR1960)

Entonces, ¿qué debemos hacer hoy? La respuesta es sencilla: **creer**. Ahí está la clave. Basta con creer que Jesucristo murió por tus pecados. Cuando lo haces, el Padre se alegra y habla bien de ti. Y cuando Él lo hace, cosas sorprendentes comienzan a suceder en tu vida.

Pero antes de continuar, quiero detenerme a explicar un punto importante. Seguramente más de uno podría preguntarse: "*¿No basta solo con creer?*" Y aquí quiero dejar claro un principio esencial para todos aquellos que desean tener la mente de un **supernova sagaz**, con capacidades extraordinarias en su diario vivir.

En lo personal, creo que ya somos lo suficientemente maduros para comprender este punto maravilloso. Estoy convencido de que después de esta vida existe algo mucho más glorioso: la vida eterna. Lo afirmo por varias experiencias que he tenido. No es este el lugar para narrarlas en detalle, pero sí quiero dejarlo a tu criterio.

Si decides aprovechar sagazmente solo esta vida, Dios —que es justo— te concederá lo que le pidas. Pero en ese caso solo tendrás **vida**, y no **vida eterna**. Porque puedes creer en el Hijo, y aun así no creer que Él murió y resucitó por tus pecados y por tu resurrección después de esta vida.

☞ El mismo Jesús lo advirtió:

"No todo el que me dice: Señor, Señor, entrará en el reino de los cielos, sino el que hace la voluntad de mi Padre que está en los cielos."
— Mateo 7:21 (RVR1960)

☞ Y, ¿cuál es esa voluntad?
La respuesta está en 1 Timoteo 2:4:

"El cual quiere que todos los hombres sean salvos y vengan al conocimiento de la verdad."
— 1 Timoteo 2:4 (RVR1960)

☞ *Hoy decido creer en Jesucristo con todo mi corazón. Reconozco que Su sangre me justifica y me da acceso al favor de Dios. Declaro que la culpa no tiene poder sobre mí y que cosas sorprendentes comienzan a suceder en mi vida.*

¿Y qué es la verdad? La verdad es Cristo mismo. Y así, sucesivamente, una pregunta nos conduce a otra, hasta llegar al conocimiento pleno de la verdad. En lo personal, puedo asegurarte que con paciencia me tomó más de veinte años comprender estos maravillosos principios que hoy te comparto.

También el apóstol Pablo lo enseña con claridad:
"Que si confesares con tu boca que Jesús es el Señor, y creyeres en tu corazón que Dios le levantó de los muertos, serás salvo.
Porque con el corazón se cree para justicia, pero con la boca se confiesa para salvación."
— Romanos 10:9-10 (RVR1960)

➤ Pablo enseña que **creer y confesar** van juntos; no es solo un acto interno.

"Pero Dios, habiendo pasado por alto los tiempos de esta ignorancia, ahora manda a todos los hombres en todo lugar, que se arrepientan;
por cuanto ha establecido un día en el cual juzgará al mundo con justicia, por aquel varón a quien designó, dando fe a todos con haberle levantado de los muertos."
— Hechos 17:30-31 (RVR1960)

✧ Pablo no predica solamente "creer", sino **arrepentirse y volverse a Cristo.**

> **"Porque en Cristo Jesús ni la circuncisión vale algo, ni la incircuncisión, sino la fe que obra por el amor."** — Gálatas 5:6 (RVR1960)

☞ La fe verdadera produce **obras de amor**, no se queda en teoría.

> **"Sino que anuncié... que se arrepintiesen y se convirtiesen a Dios, haciendo obras dignas de arrepentimiento."**
> — Hechos 26:20 (RVR1960)

☞ Pablo une **fe, confesión y cambio de vida** como una sola experiencia.

Esto es para quienes creen que después de esta vida

hay una más gloriosa. Porque, a decir verdad, Pablo afirmó que para los que creen en la vida venidera, **nacerán dos veces y morirán una sola vez**; pero para los que no creen en la vida eterna, **nacerán una sola vez y morirán dos veces**. Tú eliges cuál camino seguir.

> **"Y de la manera que está establecido para los hombres que mueran una sola vez, y después de esto el juicio."** — Hebreos 9:27 (RVR1960)

Con base en mi experiencia, puedo asegurarte que Dios cumple todo lo que promete. Aunque lo que digo pueda parecer fuera de control para algunos, te garantizo que en los capítulos siguientes entenderás por qué hablo de esta manera.

No me preocupan los críticos. Muchos no solo evitan leer, sino que han dedicado su vida más a acumular riquezas que a traer alivio a los corazones que verdaderamente lo necesitan. Y este es uno de los objetivos de este libro: **ampliar la comprensión de los lectores para que vivan una vida más plena en Cristo Jesús.**

Ahora bien, si quieres conocer más a fondo este maravilloso principio, también te invito a leer mi libro *Abismos del corazón: El secreto de las vibraciones*, el cual contiene revelaciones profundas acerca de los misterios espirituales.

Para terminar este punto, quiero explicarte cómo funciona esto:

Si decides solo **creer**, en esta vida puedes recibir mucho de lo que te propongas. Pero en ese caso tendrás únicamente **vida**. En cambio, si aceptas a Cristo en tu corazón, no solo tendrás vida en este tiempo, sino también **vida eterna**.

☞ *Hoy decido vivir una fe que no solo cree, sino que confiesa, se arrepiente y produce frutos de amor. Abrazo la verdad de Cristo como camino a la vida eterna y activo mi mente sagaz para cumplir la voluntad del Padre.*

"Que no haya de recibir mucho más en este tiempo, y en el siglo venidero la vida eterna." — *Lucas 18:30 (RVR1960*

*porque el ejercicio corporal para poco es provechoso, pero la piedad para todo aprovecha, pues tiene promesa **de esta vida presente, y de la venidera.** 1 Timoteo 4:8 Reina-Valera 1960*

Nota que en tu decisión está la diferencia: recibir solo en este tiempo o también en el venidero. ¿Qué hacer entonces? **Creer que Jesús es real.** Eso conmueve el corazón de Dios para que hable bien de ti. Pero si lo que deseas es vida eterna, entonces es necesario **aceptar a Jesús en tu corazón**, como lo enseña la Escritura:

> **"Que si confesares con tu boca que Jesús es el Señor, y creyeres en tu corazón que Dios le levantó de los muertos, serás salvo.**
> **Porque con el corazón se cree para justicia, pero con la boca se confiesa para salvación."**
> — Romanos 10:9-10 (RVR1960)

Ahora sí, continuemos con el análisis de la **bendición**. En la Biblia encontramos la historia de un hombre que logró conmover el corazón de Dios por creer y obedecer: **Caleb**, cuando recibió Hebrón por haber seguido cumplidamente a Jehová.

Esta historia se encuentra en **Josué 14:8-15**. Para entenderla mejor, recordemos que Moisés envió a doce espías a inspeccionar la tierra de Canaán, una tierra fructífera donde fluía leche y miel. Sin embargo, lamentablemente, la mayoría de ellos se enfocó únicamente en los obstáculos y en la dificultad de conquistarla.

☞ Hoy decido no solo creer, sino aceptar a Jesucristo como mi Señor y Salvador. Declaro que en Él tengo vida en abundancia ahora, y vida eterna en el siglo venidero.

>**"Mas los varones que subieron con él, dijeron: No podremos subir contra aquel pueblo, porque es más fuerte que nosotros."** — Números 13:31 (RVR1960)

Tal como sucede hoy en día, la mayoría de las personas prefieren ver las dificultades en lugar de creer que, con Dios de nuestro lado, todo es posible. Esta historia es conocida como **La misión de los doce espías** (Números 13).

Al regresar, Caleb relató cómo sus hermanos desanimaron al pueblo con su negatividad. De los doce espías enviados, solo **Josué y Caleb** se mantuvieron firmes y positivos. Los otros diez se inclinaron a la incredulidad y contagiaron a muchos con su pesimismo, haciéndoles creer que no era posible conquistar aquella tierra.

Pero la actitud de Caleb fue distinta:

"Pero yo cumplí siguiendo a Jehová mi Dios.
Entonces Moisés juró, diciendo: Ciertamente la tierra que holló tu pie será para ti, y para tus hijos en herencia perpetua, por cuanto cumpliste siguiendo a Jehová mi Dios."
— Josué 14:9 (RVR1960)

Lo más impactante viene después. Caleb mismo declaró:

"Ahora bien, Jehová me ha hecho vivir, como él dijo, estos cuarenta y cinco años... y ahora, he aquí, hoy soy de edad de ochenta y cinco años. Todavía estoy tan fuerte como el día que Moisés me envió; cual era mi fuerza entonces, tal es ahora mi fuerza para la guerra, y para salir y para entrar. Dame, pues, ahora este monte... Quizá Jehová estará conmigo, y los echaré, como Jehová ha dicho." — Josué 14:10-12 (RVR1960)

¡Impresionante! A los 85 años, Caleb seguía siendo un hombre positivo y lleno de fe. Aunque en la tierra había gigantes y ciudades fortificadas, no se detuvo; siguió creyendo en la promesa de Dios.

Josué, al ver su fe, lo bendijo:

"Josué entonces le bendijo, y dio a Caleb hijo
de Jefone a Hebrón por heredad. Por tanto,

Hebrón vino a ser heredad de Caleb... por cuanto había seguido cumplidamente a Jehová Dios de Israel." — Josué 14:13-14 (RVR1960)

Eso es exactamente lo que Jesús enseña en muchas de sus palabras: *"Ven, sígueme."* Caleb recibió su herencia porque **siguió cumplidamente a Jehová.**
Esto es lo que debemos buscar: **seguir las enseñanzas de Jesús para que nos vaya bien en la tierra.** El problema es que hoy en día, a muchos les da pena hablar de las enseñanzas de Cristo, cuando en ellas está una de las mayores motivaciones de la vida.

Más adelante revelaré una de las enseñanzas más poderosas de Jesús, diseñada para que como creyentes salgamos adelante en todas las áreas de nuestra vida, siendo positivos como Josué y Caleb, y no negativos como los diez espías que desanimaron al pueblo con sus palabras.

Lo impresionante de esta historia es que, un capítulo más adelante —en el capítulo 15 del libro de Josué— Caleb continúa con sus grandes conquistas. Allí logra una de las victorias más notables, una de las que muy pocos se han atrevido a hablar y comprender en toda su dimensión.

En **Josué 15:13-19** encontramos que Caleb sigue en conquista y obtiene una de las tierras más significativas de la Biblia: un lugar fortificado y lleno de conocimiento, sabiduría e inteligencia. Ese lugar se llamaba **Debir**; y su nombre anterior era **Quiriat-sefer.**

Aquí hay sabiduría, porque *Quiriat-sefer* significa **"Ciudad del Libro"** o **"Ciudad de la Escritura."**

¿Te imaginas? Caleb conquistando una ciudad donde habitaban personas de conocimiento, lectores y estudiosos. Y es que, hablando de lectura, no existe otra forma de crecer sin leer. El mismo Pablo dijo a los efesios:

"Leyendo lo cual podéis entender cuál sea mi conocimiento en el misterio de Cristo."
— Efesios 3:4 (RVR1960)

> ☞ *Hoy decido seguir a Dios cumplidamente, como Caleb. Rechazo la negatividad y abrazo la fe que me permite conquistar cada área de mi vida. Declaro que con Dios de mi lado todo es posible.*

Conquistar una ciudad de inteligentes requería más que valor físico: requería visión y fidelidad a Dios. Y este hecho es aún más profundo, porque conecta con la profecía de **Apocalipsis 5:5**:

"Y uno de los ancianos me dijo: No llores. He aquí que el León de la tribu de Judá, la raíz de David, ha vencido para abrir el libro y desatar sus siete sellos."
— Apocalipsis 5:5 (RVR1960)

La narración de Josué nos cuenta que Caleb hizo un llamado:

"Y dijo Caleb: Al que atacare a Quiriat-sefer, y la tomare, yo le daré a mi hija Acsa por mujer."
— Josué 15:16 (RVR1960)

¿Y quién respondió al desafío? **Otoniel**, cuyo nombre significa *"León de Dios."* Y recuerda lo que decía Apocalipsis: *"He aquí el León de la tribu de Judá..."*

Todo esto no es casualidad. Caleb mismo era de la tribu de Judá. Es decir, el conquistador de la **Ciudad del Libro Provenía** de la misma tribu del **León de Judá**. Todo esto lo obtuvo Caleb por haber seguido los principios de Dios con fidelidad total.

> ☞ *Hoy decido ser como Caleb: fiel de todo corazón a Dios, conquistador de mis batallas con valentía y sabiduría. Declaro que seguiré cumplidamente a Jehová y poseeré las promesas que Él tiene para mi vida.*

✧ Ahora veamos **el significado del nombre Caleb**

- **Literal**: viene de la raíz hebrea *keleb* (כֶּלֶב), que significa *perro*. En la cultura antigua, el perro era símbolo de **lealtad, vigilancia y valentía**. No era un insulto, sino una virtud aplicada a su carácter.
- **Sentido figurado**: muchos estudiosos lo explican como:
    o *"Fiel, de corazón entero"*
    o *"Todo corazón"* (porque *lev* = *corazón* y *kal* = *todo* en hebreo).

En la Biblia, Caleb es recordado justamente por eso: **su fidelidad total a Jehová**. Varias veces se repite de él:

"Por cuanto había seguido cumplidamente a Jehová Dios de Israel." — Josué 14:14 (RVR1960)

Su nombre encajaba perfectamente con su carácter: un hombre que se mantuvo fiel, con todo su corazón, aun cuando los demás espías desanimaron al pueblo.

Bendecir incluso en medio del mal

Por esta razón, en Lucas 6:28 leemos:
"Bendecid a los que os maldicen, y orad por los que os calumnian."

La palabra *maldecir* significa literalmente *"decir mal"*: hablar mal, desear el mal, incluso declarar ruina o juicio sobre alguien. Es enfocarse únicamente en el obstáculo, como les ocurrió a los compañeros de Josué y Caleb. Con solo diez hombres llenos de temor, lograron influir en todo un pueblo, haciéndoles creer que no eran capaces de vencer. Sin embargo, Josué y Caleb vieron lo contrario: vieron posibilidades, vieron la victoria.

> ☞ *Hoy decido bendecir con mis palabras, creer en la bendición de Dios y caminar en la certeza de que Su favor cambia mi destino.*

Por eso Jesús nos llama a responder al mal con el bien. Cuando alguien hable mal de ti o te desee mal, responde bendiciendo, orando y deseándole bien. Eso rompe el ciclo de violencia y refleja el carácter mismo de Dios.

"Bendecid a los que os persiguen; bendecid, y no maldigáis." — Romanos 12:14 (RVR1960)

Jesús conocía perfectamente este principio, porque por defecto fuimos hechos bajo excelencia. Desde el principio, el deseo de Dios antes de formarnos fue el bien. Sin embargo, existe alguien interesado en lo contrario: en que todo nos vaya mal. Ese es el ángel caído, el más mencionado en la Biblia después de Dios. Aunque en lo personal desearía que no fuera así, la realidad es innegable.

➤ Por eso la Escritura nos recuerda:

"Porque no tenemos lucha contra sangre y carne, sino contra principados, contra potestades, contra los gobernadores de las tinieblas de este siglo, contra huestes espirituales de maldad en las regiones celestes." — Efesios 6:12 (RVR1960)

La evidencia es clara: hay entidades que se encargan de la maldad. Pero en Dios, desde el inicio, ese no fue el principio. Su deseo siempre fue y seguirá siendo el bien.

Jesús conoce perfectamente estas enseñanzas, puesto que Él es el Hijo de Dios. Nos enseñó cómo hablar, porque de una u otra manera —ya sean palabras buenas o negativas— producen resultados.

➤ *El libro de Isaías lo expresa así:*

> *"Porque como desciende de los cielos la lluvia y la nieve, y no vuelve allá, sino que riega la tierra, y la hace germinar y producir, y da semilla al que siembra, y pan al que come,*
> *así será mi palabra que sale de mi boca; no volverá a mí vacía, sino que hará lo que yo quiero, y será prosperada en aquello para que la envié."*
> — *Isaías 55:10-11 (RVR1960)*

La clave está en el verso 10, donde con la metáfora de la lluvia y la nieve se enseña que hacen germinar y producir. Ese es el principio central: **de la forma en que hablemos, así produciremos.** Si hablas cosas buenas, producirás cosas buenas; si hablas cosas malas, producirás cosas malas.

Esto lo veremos con mayor profundidad en los capítulos siguientes, pero quiero que observes este ejemplo:

> *"La muerte y la vida están en poder de la lengua, Y el que la ama comerá de sus frutos."*
> — *Proverbios 18:21 (RVR1960)*

¿Qué semillas estás sembrando?

El apóstol Pedro también hace referencia a la importancia de seguir los principios de Dios desde los comienzos de la creación. La voluntad de Dios siempre fue el bien, y Pedro lo confirma en su enseñanza:

"Porque: El que quiere amar la vida Y ver días buenos, Refrene su lengua de mal, Y sus labios no hablen engaño; Apártese del mal, y haga el bien; Busque la paz, y sígala." — 1 Pedro 3:10-11 (RVR1960)

Estoy convencido de que la mayoría de las personas anhelan ver días buenos en su vida. Y aquí Pedro nos entrega una clave sencilla pero poderosa. Lamentablemente, no siempre se le presta atención a causa del trajín de la vida, y porque es más fácil enfocarse en palabras negativas que en los principios genuinos de Dios para bendecirnos.

> ☞ *Hoy decido cuidar mis palabras, sembrar vida con lo que hablo y caminar bajo el principio eterno de Dios, que siempre quiso lo bueno para mí. Declaro que mi lengua produce bendición, y mis frutos reflejarán Su favor.*

Desde la antigüedad, el deseo de Dios para nosotros siempre fue el bien. Y esto se refleja en el **poder de la palabra**. Mira la belleza de estos ejemplos:

- *Cuando Dios dijo: "Sea la luz", la luz apareció.* *"Y dijo Dios: Sea la luz; y fue la luz."* — Génesis 1:3 (RVR1960)

¿No es hermosa la luz? Desde el principio disfrutamos del día, recibimos el calor del sol y vemos cómo todo se sostiene por un principio de excelencia.

- *Cuando Jesús dijo: "Levántate y anda", el paralítico se levantó.*

  "Jesús le dijo: Levántate, toma tu lecho, y anda. Y al instante aquel hombre fue sanado, y tomó su lecho, y anduvo." — Juan 5:8-9 (RVR1960)

¿No es el mismo Dios, por medio de su Hijo Jesucristo, quien anhela vernos bien a cada uno de nosotros?

- *Cuando dijo: "Te perdono", el pecado fue borrado.*
  "Y a ella le dijo: Tus pecados te son perdonados." — Lucas 7:48 (RVR1960)

¿Quién quiere andar con culpas? Nadie. Y Jesús lo sabía. Por eso el principio original de Dios siempre fue darnos cosas grandes y buenas, para que el hombre las administrara mientras durara su tiempo en la tierra.

Entonces, para terminar este capítulo y entrar a otro maravilloso, quiero dejarte estos ejemplos que muestran cómo las buenas palabras prosperan en nosotros y cambian nuestro destino:

✦ La Palabra prospera cuando...

- **La creemos** → La fe activa la obra de la Palabra.
  Ejemplo: *El sembrador siembra la semilla, pero solo en buena tierra da fruto. — Mateo 13*

- **La obedecemos** → La obediencia permite que la Palabra haga su obra. Ejemplo: *"Medita en ella de día y de noche... y harás prosperar tu camino."* — Josué 1:8
- **La proclamamos** → Compartirla con otros multiplica su fruto. Ejemplo: Isaías predicó, y siglos después seguimos leyendo sus palabras.

➤ Aplicación personal

Si quieres que algo prospere en tu vida —tu familia, tu negocio, tu llamado, tu carácter—:
Llénate de los principios de la Palabra de Dios.

✔ *Cree lo que Dios ha dicho.*
✔ *Obedece sus instrucciones.*
✔ *Declara sus promesas sobre tu vida.*

Porque Dios no manda Su Palabra al vacío: Él la envía para transformar.

Si has llegado hasta aquí y has entendido el propósito de este capítulo 2, entonces observa lo siguiente: el que cree que Dios puede darle todo lo que pida y busque con precisión, pero aún no ha aceptado en su corazón a Jesucristo, solo tiene vida. Pero si ya lo has hecho, entonces no solo tienes vida en este tiempo presente, sino también **vida eterna en el siglo venidero.**

¿Por qué "siglo venidero"? Porque la vida útil del hombre está limitada a poco más de cien años, pero en Cristo la vida no termina allí.

☞ Promesas de bendición en la Palabra

Números 6:24-26 (RVR1960)

"Jehová te bendiga, y te guarde; Jehová haga resplandecer su rostro sobre ti, y tenga de ti misericordia;
Jehová alce sobre ti su rostro, y ponga en ti paz."
➤ Dios nos guarda, nos mira con amor y nos da paz.

Jeremías 29:11

"Porque yo sé los pensamientos que tengo acerca de vosotros, dice Jehová, pensamientos de paz, y no de mal, para daros el fin que esperáis."
☞ Dios declara bien sobre nosotros: planes de paz, no de mal.

Deuteronomio 28:2-6

"Y vendrán sobre ti todas estas bendiciones, y te alcanzarán, si oyeres la voz de Jehová tu Dios. Bendito serás tú en la ciudad, y bendito tú en el campo. Bendito el fruto de tu vientre, el fruto de tu tierra, el fruto de tus bestias... Benditas serán tu canasta y tu artesa de amasar. Bendito serás en tu entrar, y bendito en tu salir."
☞ Dios bendice todas las áreas de nuestra vida: familia, trabajo, provisión y salud.

Sofonías 3:17

"Jehová está en medio de ti, poderoso, él salvará; se gozará sobre ti con alegría, callará de amor, *se regocijará sobre ti con cánticos*."

☞ Dios no solo bendice, sino que se alegra de nosotros y hasta canta sobre nuestra vida.

Salmo 103:1-5

"Bendice, alma mía, a Jehová...
Él es quien perdona todas tus iniquidades,
El que sana todas tus dolencias;
El que rescata del hoyo tu vida,
El que te corona de favores y misericordias;
El que sacia de bien tu boca De modo que te rejuvenezcas como el águila."

☞ Un Dios que perdona, sana, restaura y rejuvenece.

> ☞ *Hoy decido creer en la fidelidad de Dios y caminar en Sus promesas. Declaro que Su Palabra no vuelve vacía, sino que transforma mi vida y me asegura bendición en este tiempo y vida eterna en el venidero.*

Efesios 1:3

"Bendito sea el Dios y Padre de nuestro Señor Jesucristo, que nos bendijo con toda bendición espiritual en los lugares celestiales en Cristo."

☞ En Cristo, ya hemos sido bendecidos con toda bendición espiritual.

Romanos 8:31-32

"Si Dios es por nosotros, ¿quién contra nosotros?
El que no escatimó ni a su propio Hijo, sino que lo entregó por todos nosotros, ¿cómo no nos dará también con él todas las cosas?"

☞ Dios habla bien de nosotros al darnos lo mejor: a su propio Hijo.

Espero que te hayas dado cuenta que: La Biblia está llena de palabras en las que Dios nos bendice, nos afirma, nos anima y nos llena de promesas. Él no es un Dios de maldición, sino un Dios que desea levantarnos, afirmarnos y prosperarnos en su amor.

Y por si piensas que esto fue solo para tiempos pasados, recuerda que estas promesas siguen vigentes hoy.

✦ **Mateo 28:20"**...
y he aquí yo estoy con vosotros todos los días, hasta el fin del mundo. Amén."

✦ **Juan 14:18, 23**
"No os dejaré huérfanos; vendré a vosotros...
Vendremos a él, y haremos morada con él."

☞ Tal vez en este momento aún te sientes indigno de estas promesas, pero Dios es fiel: justifica incluso al más duro de corazón.

✦ **Romanos 4:5 (RVR1960)**
"Mas al que no obra, sino cree en aquel que **justifica al impío**, su fe le es contada por justicia."

Capítulo 3

El legado despreciado: el pensamiento que destruye la herencia

"Un legado no se pierde de un día para otro... se destruye lentamente por un pensamiento que, disfrazado de verdad, corroe lo más valioso que tenemos: la herencia espiritual."

Después de haber descifrado la palabra *bendición* —que prácticamente significa hablar bien en todas las áreas de nuestra vida—, hoy también podemos notar cómo existe otra forma de pensar que se ha regado como pólvora, debido a una mala interpretación que se repite de boca en boca a nivel mundial.

Este pensamiento se menciona en series, en videoblogs, en novelas, en iglesias, en negocios, en familias... en todas partes. Su fuerza es tan grande dentro de la comunidad que la mayoría no se ha dado cuenta de que, en lugar de sacarlos adelante, los hunde más. Para ser honesto, yo también estuve así por un tiempo.

Recuerdo que en el año 2006 me encontraba en una enseñanza bíblica. No sé si llamarle "lamentablemente" o "propositalmente", pero casi en todas las reuniones nunca se llegaba a una conclusión. Eran más bien interminables alegatos, porque cada miembro tenía un pensamiento distinto. Sin embargo, la Biblia nos llama a un mismo sentir:

1 Corintios 1:10 (RVR1960)
Os ruego, pues, hermanos, por el nombre de nuestro Señor Jesucristo, que habléis todos una misma cosa, y que no haya entre vosotros divisiones, sino que estéis perfectamente unidos en una misma mente y en un mismo parecer.

Aún recuerdo cómo, mientras discutían ciertos temas, notaba que sus propias ideas pesaban más que las Escrituras. En lugar de fundamentar sus opiniones en la Palabra de Dios, salían a relucir pensamientos humanos, sin contexto ni respaldo bíblico.

¿Por qué ocurre esto? Porque, en muchos casos, los líderes no dedican tiempo a leer ni a comprender el contexto. Se quedan en el pretexto carnal, diciendo simplemente lo que les viene a la mente. Así nacen los conflictos internos. Y lo más grave: hay líderes con millones de seguidores que han olvidado el discernimiento espiritual. En el cual por si te interesa desarrollar mejor este tema, lo tengo listo en mi libro para tu preparación espiritual, puedes buscarlo en línea como: **Abismos del corazón: El secreto de las vibraciones.**

— Entonces continuando con el tema, en una de esas reuniones, alguien comenzó a hablar sobre las cosas materiales. Tomó como base lo que el apóstol Pablo dijo respecto a tener ciertas cosas *"por basura"*. **Pero lo aplicó fuera de contexto,** solo porque lo había escuchado en alguna corriente. El problema no es la gente, porque Jesús mismo aclaró:

Mateo 5:3 (RVR1960)
Bienaventurados los pobres en espíritu, porque de ellos es el reino de los cielos.

El verdadero peso recae sobre los líderes que, teniendo multitudes que los escuchan, no aprovechan esa oportunidad para enseñar principios bíblicos. No digo que todos sean así, pero he visto algunos que se enfocan más en recolectar dinero que en enseñar; otros prefieren criticar antes que guiar con mansedumbre; y algunos refuerzan más la identidad tribal que la identidad en Cristo.

Ese tipo de predicación funciona así: cuando el predicador acusa, los oyentes que no se sienten culpables refuerzan su identidad tribal: *"nosotros somos los buenos; los otros son los malos."* Eso crea una falsa sensación de pertenencia.

El problema es que muchos predicadores saben que acusar despierta emociones fuertes (miedo, culpa, sumisión). Y eso engancha a la audiencia porque activa el sistema límbico. La gente recuerda más un regaño que una enseñanza neutra. Pero en lugar de fidelidad a Dios, lo que se genera es fidelidad al grupo.

Jesús mismo rompió con este código tribal de la acusación:

☞ Hoy decido romper con todo pensamiento que destruye mi herencia.
Rechazo el dedo acusador y el yugo de la división.
Mi boca hablará vida, mis manos levantarán al caído, y mi herencia será preservada en Cristo.

Mateo 7:1 (RVR1960)
No juzguéis, para que no seáis juzgados.

Juan 8:7 (RVR1960)
El que de vosotros esté sin pecado, sea el primero en arrojar la piedra.

Isaías 58:9 (RVR1960)
…Si quitares de en medio de ti el yugo, el dedo amenazador, y el hablar vanidad.

El Reino de Dios rompe ese ciclo de acusación y lo sustituye por otro principio: **levantar en lugar de señalar, restaurar en lugar de acusar.**

- El **yugo**: símbolo de opresión, cargas pesadas sobre otros.
- El **dedo amenazador**: gesto tribal de acusar, señalar, dominar.
- El **hablar vanidad**: discurso vacío, religioso pero sin vida.

Dios nos llama a un camino distinto:

- Levantar al caído (*Proverbios 24:16*).
- Sanar al quebrantado (*Isaías 61:1*).
- Reconciliar, no señalar (*2 Corintios 5:18*).

Eso nos lleva a tener una verdadera identidad en Cristo, que es a donde te quiero llevar ahora: para que renueves tu forma de pensar y no caigas en los pensamientos que destruyen la herencia. Sin conocer el origen de ese famoso pensamiento que, a continuación, vamos a descifrar, te aseguro que ayudará a cambiar tu manera de pensar.

Esto apenas empieza, se va a poner bueno. Cada vez que me acuerdo me da gozo. Pero continuando con la experiencia de aquella ocasión, mientras algunos discutían, recuerdo que mi espíritu no quedó conforme. Escuchar discusiones entre la comunidad cristiana de aquel lugar me dejó inquieto.

Regresé a casa con el pensamiento inconforme y con el deseo de escudriñar: ¿por qué la gente desprecia lo bueno que Dios da sobre la tierra? Claro, no todos, pero muchos sí. Y a veces los círculos en los que te mueves tienden a ser más negativos —inconscientes— antes que experimentar la plenitud de la bendición de Dios.

Hoy te lo escribo con sencillez porque han pasado casi veinte años de esa experiencia. En ese entonces, con mi incansable búsqueda, agradezco a Dios porque me concedió lo que le pedí. Siempre que había inquietudes en cualquier plática —ya sea de negocios, espirituales, matrimoniales, o de cualquier tema— yo pedía discernimiento a Dios. Hasta la fecha lo hago.

Me refugio en uno de mis pasajes favoritos:

Salmos 25:1-3 (RVR1960)
A ti, oh Jehová, levantaré mi alma.
Dios mío, en ti confío;
No sea yo avergonzado,
No se alegren de mí mis enemigos.
Ciertamente, ninguno de cuantos esperan en ti
será confundido;
Serán avergonzados los que se rebelan sin causa.

☞ Seguido por este otro que también ha sido un refugio:

Salmos 31:1 (RVR1960)
En ti, oh Jehová, he confiado; no sea yo
confundido jamás;
Líbrame en tu justicia.

Quiero decirte que Él me ha escuchado, y agradezco a Dios por el respaldo que me da.

Finalmente, aquel domingo llegué a casa con la inquietud de esas discusiones inconformes. Pasé toda la tarde buscando soluciones. El lunes, martes y miércoles continué orando, y al regresar a la iglesia le pedí a Dios que me revelara algo.

Para no cansarte, pasó toda la semana así. Llegó nuevamente el domingo, y otra vez me encontré en medio de discusiones inconformes. Como cosa curiosa de la vida, lo cierto es que mientras ellos discutían, abrí mi Biblia y me encontré con este maravilloso pasaje que estoy seguro cambiará tu forma de pensar.

Ese día, repentinamente, abrí mi Biblia en el libro de Génesis. Mientras hojeaba, con ese deseo en mi corazón y después de haberle pedido a Dios que me mostrara de dónde provenían esos pensamientos (si eran bíblicos o no), me encontré con este verso:

> ☞ *Hoy decido valorar la herencia que Dios me ha dado.*
>
> *Rechazo todo pensamiento que desprecia lo bueno que viene de Su mano.*
>
> *Mi confianza está en Jehová, y declaro que no seré confundido, porque Él me guía con discernimiento y me sostiene con Su respaldo eterno.*

Génesis 25:29-34 (RVR1960)

Y guisó Jacob un potaje; y volviendo Esaú del campo, cansado,

dijo Esaú a Jacob: Te ruego que me des a comer de ese guiso rojo, pues estoy muy cansado. Por tanto fue llamado su nombre Edom.

Y Jacob respondió: *Véndeme en este día tu primogenitura.*

Entonces dijo Esaú: **He aquí yo me voy a morir; ¿para qué, pues, me servirá la primogenitura?**

Y dijo Jacob: Júramelo en este día. Y él le juró, y vendió a Jacob su primogenitura.

Entonces Jacob dio a Esaú pan y del guisado de las lentejas; y él comió y bebió, y se levantó y se fue. **Así menospreció Esaú la primogenitura.**

► **Esaú, símbolo de los que desprecian la primogenitura.**

Finalmente encontré la famosa confusión y el pensamiento que vende muy bien entre la gente que solo repite patrones que escucha sin saber su origen. **Y la verdad es que este pensamiento del que te hablo aparece en**:

> *Génesis 25:32 (RVR1960)*
> *Entonces dijo Esaú: He aquí yo me voy a morir; ¿para qué, pues, me servirá la primogenitura?*

A simple vista parece una historia sencilla. Y la mayoría de gente solo se enfoca en que si Jacob fue un **usurpador** por la definición de su nombre, olvidando esta otra parte del desprecio y de la respuesta de Esau. Lo cierto es que la mayoría de las personas ni siquiera entiende —o hace el esfuerzo de analizar a profundidad— a qué se refería la primogenitura que Jacob estaba comprando.

Uno de los puntos importantes aquí es que la narración recalca que fue **por el cansancio** que Esaú vendió su primogenitura. A diferencia de hoy los trajines de la vida diaria hacen que la gente ya no se esfuerce por conocer los principios y propósitos primitivos de Dios, tal y como le pasó a Esaú.

Lo lamentable de esto es la manera en que Esaú respondió: *"He aquí yo me voy a morir; ¿para qué, pues, me servirá la primogenitura?"*

☞ **Y en el verso de Génesis 25:34 dice así:**

Entonces Jacob dio a Esaú pan y del guisado de las lentejas; y él comió y bebió, y se levantó y se fue. **Así menospreció Esaú la primogenitura.**

Como menospreció esaú la primogenitura, así: *"He aquí yo me voy a morir; ¿para qué, pues, me servirá la primogenitura?"*

¿Te suena este pensamiento? Ahora entiendes por qué mucha gente recurre a los cementerios, grabando videos y diciendo: *"Aquí se termina todo, aquí llegan ricos y pobres por igual."* Y sí, en cierta manera proclaman una verdad, pero con la gran diferencia del legado que cada uno deja sobre la tierra.

Pero esto va más allá. La gente ni siquiera sabe —o no se toma el tiempo— de definir esta palabra, de entender qué es la primogenitura y por qué era tan valiosa.

> ☞ *Hoy decido valorar mi herencia en Cristo.*
> *No venderé ni despreciaré lo que Dios me ha dado. Mi pensamiento se alinea a los principios divinos, y mi legado permanecerá firme en la tierra.*

✧ A continuación, analizaremos de qué se trataba la primogenitura que Esaú despreció.

La **primogenitura** que Esaú vendió a Jacob, según Génesis 25:29-34, era mucho más que un simple derecho de ser el hijo mayor.

En el contexto bíblico, la primogenitura incluía varios privilegios y responsabilidades de gran importancia:

☞ 1. Una doble porción de la herencia

Tener o recibir la primogenitura significaba adquirir una doble porción de la herencia del padre:

> **Deuteronomio 21:17 (RVR1960)**
> Mas al *hijo de la aborrecida* reconocerá como primogénito, para darle el doble de lo que correspondiere a cada uno de los demás; porque él es el principio de su vigor, y suyo es el derecho de la primogenitura.

El "hijo de la aborrecida" aquí, en un sentido profético, apunta a Jesucristo, quien fue aborrecido en la tierra.

> **Hebreos 1:2 (RVR1960)**
> En estos postreros días nos ha hablado por el Hijo, a quien constituyó **heredero de todo,** y por quien asimismo hizo el universo.

Él es el heredero de todo porque es el Primogénito de Dios. **Colosenses 1:15**

☞ 2. La autoridad familiar

El primogénito recibía el doble de lo que correspondía a sus hermanos y, al morir el padre, quedaba como la **autoridad familiar**.

El primogénito pasaba a ser el jefe del clan, el responsable de la continuidad y la unidad de la familia.

> **Juan 12:24 (RVR1960)**
> De cierto, de cierto os digo, que si el grano de trigo no cae en la tierra y muere, queda solo; pero si muere, lleva mucho fruto.

Cristo mismo, como el Primogénito, asumió la autoridad de guiar a la familia de la fe, dando su vida como semilla que produce fruto eterno.

☞ 3. La bendición espiritual y el pacto

En el caso de Isaac y sus hijos, la primogenitura estaba ligada directamente a las **promesas de Dios a Abraham**:

- La línea de descendencia.
- La tierra prometida.
- La bendición para todas las naciones.

Cuando Esaú vendió su primogenitura a Jacob por un plato de lentejas, menospreció estos privilegios espirituales y materiales. Mostró que no valoraba lo que Dios le había concedido por nacimiento.

Ahora quiero que pienses por un momento: si eres de las personas que, por alguna razón, has mencionado este famoso pensamiento —*"¿Para qué quiero las cosas, si de todas formas me voy a morir?"*— ¿qué estás despreciando al pronunciar estas palabras?

Hebreos 12:16 (RVR1960)
No sea que haya algún fornicario, o profano, como Esaú, que por una sola comida vendió su primogenitura.

✦ Enseñanza

Esaú representa a quienes:
- No valoran lo que Dios les ofrece.
- Cambian lo eterno por lo inmediato.
- Desprecian la gracia y el sacrificio del Primogénito: Cristo.

¿Para qué, pues, son las bendiciones de Dios?

Este es un punto importante que quiero tocar: la gente suele confundir el verso de Pablo cuando dijo *"todo lo tengo por basura"* en Filipenses 3:7–8.

Filipenses 3:7-8 (RVR1960)
Pero cuantas cosas eran para mí ganancia, las he estimado como pérdida por amor de Cristo.
Y ciertamente, aun estimo todas las cosas como pérdida por la excelencia del conocimiento de Cristo Jesús, mi Señor, por amor

*del cual lo he perdido todo, y lo tengo por **basura**, para ganar a Cristo.*

Mucha gente usa este versículo fuera de contexto. Y debo confesar que yo también lo usé para intentar llenar vacíos que no podía llenar por no tener suficiente conocimiento de la Palabra de Dios. Decía que también tenía muchas cosas por basura... cosas que, en realidad, solo existían en mi imaginación, porque a decir verdad no poseía esas riquezas que, según yo, tenía "por basura".

Esto me llevó a una confusión: por ejemplo, dejar de trabajar para atender solo "las cosas de Dios". Al reflexionar, entendí que eso no era lo que Pablo quiso decir. Con el tiempo aprendí que **es Dios quien bendice a Su tiempo**. Y para que lo que trabajes no se pierda, es necesario dar la milla extra y buscar riquezas duraderas.

En otras palabras: atender primero los principios de Dios y luego el trabajo. Eso no significa que tengas por basura los cheques que recibes. Si así fuera, tendrías que tirarlos en cuanto los recibes, y ambos sabemos que eso no es así.

☞ *Hoy decido valorar la primogenitura espiritual que Cristo me ha dado.*

Rechazo cambiar lo eterno por lo pasajero. Declaro que mi herencia en el Primogénito permanece para siempre, porque Él es el heredero de todo y en Él yo también soy heredero del Reino.

Pero este tema lo veremos más adelante. Porque justamente de eso trata este libro: de **aprender a pensar sagazmente**.

➤ Contexto real

Cuando Pablo dice *"lo tengo por basura"*, se refiere a lo siguiente:

— Circuncidado al octavo día, del linaje de Israel, de la tribu de Benjamín, hebreo de hebreos; en cuanto a la ley, fariseo; en cuanto a celo, perseguidor de la iglesia; en cuanto a la justicia que es en la ley, irreprensible.
Filipenses 3:5-6 (RVR1960)

Eso era lo que él llamaba *ganancia* antes de conocer a Cristo: prestigio religioso, conocimiento farisaico y orgullo personal. Ahora, comparado con el valor de conocer a Jesús, todo eso le parecía basura.

☞ Pablo no estaba despreciando la ropa, la comida, el trabajo o las cosas materiales del día a día, sino **la confianza en su propio mérito religioso**.
Si fuera lo contrario, Santiago se contradeciría cuando dijo:

> **Santiago 2:15-16 (RVR1960)**
> Y si un hermano o una hermana están desnudos,
> y tienen necesidad del mantenimiento de cada día,
> y alguno de vosotros les dice: Id en paz, calentaos y saciaos, pero no les dais las cosas que son necesarias para el cuerpo, ¿de qué aprovecha?

Las cosas necesarias para el cuerpo se adquieren con recursos materiales. Por eso debemos **aprender a estimar lo que tenemos** y, sobre todo, cuidar nuestro vocabulario. (Más adelante veremos este tema del vocabulario, que es clave).

✦ Aplicación clara

Si alguien ama más lo material que a Dios, puede aplicar el principio de Pablo: lo material no vale nada comparado con Cristo.

Pero si es al revés, y **primero buscas el Reino de Dios**, y después recibes bendiciones terrenales, entonces eso es de gran estima.

1 Corintios 9:11 (RVR1960)
Si nosotros sembramos entre vosotros lo espiritual, ¿es gran cosa si segáremos de vosotros lo material?

Esto se conecta con la enseñanza de Jesús en:

Mateo 6:33 (RVR1960)
Mas buscad primeramente el reino de Dios y su justicia, y todas estas cosas os serán añadidas.

Y cuando dice *"todas estas cosas"*, ¿de qué cosas está hablando? La respuesta está unos versos atrás:

Mateo 6:31-32 (RVR1960)

No os afanéis, pues, diciendo: ¿Qué comeremos, o qué beberemos, o qué vestiremos?
Porque los gentiles buscan todas estas cosas; pero vuestro Padre celestial sabe que tenéis necesidad de todas estas cosas.

¿De qué cosas habla Jesús? De comida, bebida y vestido. Dios es tan justo que lo explica con claridad.

> ☞ *Hoy decido no confundir lo eterno con lo pasajero.*
> *Valoro las bendiciones de Dios, y entiendo que todo cobra sentido solo en Cristo.*

El problema es que muchas veces no hay maestros que nos enseñen y nos ayuden a discernir este pasaje con precisión. ¿Por qué? Porque a muchos líderes ni siquiera les gusta "perder tiempo" explicando. En su mente solo existe la palabra **"productividad y generar"**.

Y aunque los demás estén escasos, mientras ellos sigan creciendo económicamente, lo demás no les interesa.

Con esto no quiero decir que todo crecimiento material sea malo, ni que todos los líderes sean así. Me refiero a aquellos que piensan de manera egoísta.

En conclusión, la intención de Pablo fue clara: **ni la religión más estricta ni el conocimiento más alto sirven de nada si no tienes a Cristo.**

En palabras sencillas, Pablo no estaba diciendo *"mi ropa y mis cosas son basura"*, sino:

"mi título de fariseo y mis méritos pasados no valen nada comparados con conocer a Jesús."

✦ ¿Pero qué ganancia tenía Pablo por ser fariseo?

- **Prestigio social y religioso**

  Ser fariseo era pertenecer al grupo más respetado dentro del judaísmo. Le daba honor, reconocimiento y estatus entre los judíos.

- **Autoridad spiritual**

  Los fariseos eran considerados maestros de la Ley. Su opinión pesaba en las sinagogas y en la vida del pueblo.

- **Poder político-religioso**

  Aunque no dominaban sobre Roma, tenían gran influencia en el Sanedrín y en las decisiones internas de los judíos.

- **Acceso al conocimiento**

  Los fariseos eran estudiosos de la Torá. Tener esa formación era como poseer un "doctorado" en la religión judía. Eso abría puertas y lo colocaba en una élite intelectual.

- **Orgullo personal**

  Pablo mismo lo dice: *"en cuanto a la justicia que es en la ley, irreprensible"* (Filipenses 3:6). Esa era su seguridad: sentirse justo y superior por cumplir reglas externas.

✦ Conclusión

La ganancia que Pablo tenía por ser fariseo no era dinero, sino **estatus, poder, respeto, autoridad y un orgullo**

religioso que lo hacía sentirse justo ante los hombres.

Y todo eso fue lo que él llamó "basura" comparado con el privilegio de **conocer a Cristo**.

Entonces, por desconocer el contexto de un texto, muchas veces sin darnos cuenta erramos con palabras como las que utilizó Esaú: **pensamientos que hacen perder hermosos legados.**

Pero esto no es nuevo. No solo Esaú erró al decir: *"¿Para qué quiero las cosas, si de todos modos me voy a morir?"* También el pueblo de Israel despreció al Primogénito:

Juan 1:11 (RVR1960)
A lo suyo vino, y los suyos no le recibieron.

Así como Esaú dijo:
"¿Para qué me servirá la primogenitura si me voy a morir?"

☞ Muchos dijeron de Jesús:

Lucas 19:14 (RVR1960)
No queremos que este reine sobre nosotros.

Juan 19:15 (RVR1960)
¡Crucifícale!

Así como Esaú perdió la herencia por despreciar la primogenitura, hoy muchos rechazan lo que Dios les quiere dar —material y espiritualmente— por desconocer la verdad.

> ☞ *Hoy decido valorar el legado que Dios me ha dado.*
> *Declaro que mi descendencia será bendita y dichosa en la tierra.*
> *Rechazo pensamientos de Esaú y afirmo que mi herencia permanece en Cristo, el Primogénito celestial.*

Este pensamiento de Esaú resuena en las congregaciones, en las juntas de familia, en los problemas, en las herencias, en las envidias, en los negocios. Siempre que se quiere tapar un vacío, es lo primero que se encuentra: *"De todos modos, ¿para qué son las cosas? Desnudo nací, y desnudo me voy. Como llegué, así me iré."*

Pero al pensar así, ni siquiera se considera qué legado dejar a los hijos. Y cuando se repiten esos pensamientos, se rechaza la promesa del Justo:

Salmos 112:2-3 (RVR1960)
Su descendencia será poderosa en la tierra;
La generación de los rectos será bendita.
Bienes y riquezas hay en su casa,
Y su justicia permanece para siempre.

Proverbios 20:7 (RVR1960)
Camina en su integridad el justo;
Sus hijos son dichosos después de él.

El mundo hoy pierde su herencia eterna por despreciar al Primogénito celestial: Jesús.

Me encanta este versículo: *"Sus hijos son dichosos después de él."* Pero cuando piensas como Esaú, no puedes dejar hijos dichosos sobre la tierra, sino hijos cargados de problemas.

Por el contrario, debes confesar que, después de que pases a mejor vida, tu descendencia será bendita. Aunque todo se quede aquí, nunca digas: *"¿Para qué quiero las cosas, si de todas formas me voy a morir?"*

Lo dice la Escritura en **Números 23:19**: *Dios no es hombre, para que mienta.*

Dios no cambia. Él cumple Su palabra, como lo hizo en la historia de **la viuda y el aceite**, en **2 Reyes 4**.

El esposo de aquella mujer era un hombre que seguía a Jehová, y ella, con toda certeza, se lo dice al profeta Eliseo: *"Tú sabes que tu siervo temía a Jehová."*

Con una sola vasija, Dios transformó una deuda en abundancia.

No necesitó oro ni riquezas, solo **fe y obediencia**.

Y con eso bastó para que Su promesa se cumpliera.

Aun después de muerto el padre de familia, Dios honró Su palabra sobre los hijos.

Fueron dichosos porque ya no fueron esclavizados.

La fidelidad de Dios traspasó generaciones, demostrando que Su pacto **no termina con la muerte del justo**.

Cuando Dios promete, Su fidelidad no expira; **sigue viva en los hijos del que confía**.

Capítulo 4

Coherederos del reino: la doble porción de los hijos

"El mayor privilegio de un hijo es interpretar correctamente lo que recibe, pues su herencia verdadera es la esencia y la autoridad de su Padre."

Es maravilloso conocer estos principios que nos permiten aprovechar al máximo nuestra estadía en la tierra mientras el Creador nos concede la vida. Ahora nos adentraremos en analizar el gran beneficio de la **doble porción**, un legado que no solo tiene efectos sobre la tierra, sino también en la vida venidera.

Para comprender el valor de esta verdad, debemos reconocer que la herencia comienza *aquí mismo*, en este mundo, y luego se extiende hacia la eternidad. Por eso, antes de hablar del futuro, es necesario creer y abrazar lo que hoy nos pertenece como hijos en la tierra.

Recordemos el pensamiento que llevó a Esaú a despreciar su herencia. La **primogenitura** que le correspondía fue menospreciada en un momento de debilidad, cuando cambió lo eterno por lo pasajero (Génesis 25:29-34). Pero la pregunta clave es: ¿qué significaba realmente la primogenitura? ¿De qué se trataba en esencia?

Aquí es donde muchos pierden el rumbo: en la manera de expresar o comprender lo que Dios diseñó con excelencia para su hermosa creación sobre la tierra. La **doble porción** de la herencia del padre estaba establecida en la Ley:

> **Deuteronomio 21:17 (RVR1960)**
> "Mas al hijo de la aborrecida reconocerá como primogénito, para darle el doble de lo que correspondiere a cada uno de los demás; porque él es el principio de su vigor, y suyo es el derecho de la primogenitura."

El derecho de la primogenitura incluía recibir **el doble de lo que le correspondía a sus hermanos**. Esta es la razón por la que en Hebreos se nos recuerda:

> **Hebreos 1:2 (RVR1960)**
> "En estos postreros días nos ha hablado por el Hijo, a quien constituyó heredero de todo, y por quien asimismo hizo el universo."

Esto significa que Cristo no solo es heredero en el cielo, sino también en la tierra. Y en Él, nosotros somos hechos **coherederos**.

Por lo tanto, cuando Esaú despreció su herencia, no solo perdió lo material: **desperdició su derecho espiritual y la autoridad familiar que le correspondían como primogénito**. Al venderla por un plato de lentejas, dejó en evidencia la gravedad de menospreciar lo que Dios había establecido como bendición.

Esto de la **doble porción** parece insignificante, pero va mucho más allá de lo que podemos imaginar. Está profundamente relacionado con el servicio que Jesús dio en la tierra. A decir verdad, muchos ni siquiera le dan el uso y la interpretación correcta a esta palabra: *ministerio*.

La raíz de la palabra nos enseña: *minus* = "menos" → de aquí viene la idea de ser menor, de estar por debajo para servir; y *-terium* → sufijo que indica función o lugar.

> *☞ Hoy decido honrar mi herencia espiritual y abrazar la doble porción que me corresponde como hijo. No la cambiaré por lo temporal, porque soy coheredero del Reino y partícipe de la plenitud de Cristo.*

Lucas 22:27 (RVR1960)
"Porque, ¿cuál es mayor, el que se sienta a la mesa, o el que sirve? ¿No es el que se sienta a la mesa? Mas yo estoy entre vosotros como el que sirve."

Entre las herencias asumidas por el primogénito estaba el **cuidado de la familia**, y eso solo podía cumplirse a través del servicio.

Ejemplos prácticos del ministerio

- **Ministerio de Salud** → sirve a la sociedad en asuntos de salud, suministra recursos, servicios médicos y programas.
- **Ministerio de Educación** → sirve en educación, proveyendo políticas, programas y acceso.

✧ En el **Antiguo Testamento** (hebreo, con algunas porciones en arameo como en Daniel y Esdras) encontramos matices de servicio, pero en el **Nuevo Testamento** la palabra griega es *diakonía (διακονία)*, que significa: *servicio, ayuda, asistencia.*

De ahí viene nuestra palabra **diácono**.

El ministerio en la Biblia

2 Corintios 3:7-9 (RVR1960)
"7 Y si el ministerio de muerte, grabado con letras en piedras, fue con gloria... 8 ¿cómo no será más bien con gloria el ministerio del Espíritu?
9 Porque si el ministerio de condenación fue con gloria, mucho más abundará en gloria el ministerio de justificación."

Ejemplos:

- **2 Corintios 4:1**: "Por lo cual, teniendo nosotros este ministerio según la misericordia que hemos recibido, no desmayamos."
- **Efesios 4:11-12**: "Y él mismo constituyó a unos... para perfeccionar a los santos para la obra del ministerio, para la edificación del cuerpo de Cristo."
- **2 Corintios 3:6 (RVR1960)**
  "El cual asimismo nos hizo ministros competentes de un nuevo pacto, no de la letra, sino del espíritu; porque la letra mata, mas el espíritu vivifica."

El ministerio de la Ley nos dejaba viendo nuestra necesidad, pero el ministerio del Espíritu nos llena con la respuesta: **Cristo mismo en nosotros.**

Por eso, cuando despreciamos el llamado, hacemos como Esaú. Pero cuando valoramos la herencia en Cristo, recibimos la bendición que enriquece: la **doble porción como hijos**, y el ministerio glorioso que vivifica cobra efecto en nosotros, porque no despreciamos lo que Dios estableció.

Pero me dirás: *"Eso fue con Esaú... ¿y qué hay de Jesús?"* Si Jesús fue el **Primogénito**, ¿cuándo recibió Él la doble porción y cómo la comparte con nosotros?
Recordemos que quien recibe la doble porción no solo recibe la herencia, sino que también adquiere el **cuidado de sus hermanos**. Esa es la responsabilidad que acompañaba al primogénito: herencia y servicio.
Entonces, ¿cuándo recibimos nosotros los beneficios de esa doble porción? Precisamente cuando entendemos que Jesús,

como Primogénito de muchos hermanos, no solo recibió la plenitud de la herencia del Padre, sino que también asumió nuestro cuidado eterno.

De esta manera, dejamos de errar y no repetimos los pensamientos de Esaú, quien desperdició el legado. En Cristo aprendemos a valorar lo eterno y a recibir con gratitud lo que nos corresponde como coherederos del Reino.

☞ **Jesús recibe la primera porción: En su bautismo – Recibió el Espíritu sin medida**

Por si te has preguntado en qué parte de la Biblia Jesús recibe la primera porción, esto lo encontramos claramente en el Evangelio de:

> **Juan 3:34 (RVR1960)** "Porque el que Dios envió, las palabras de Dios habla; pues Dios no da el Espíritu por medida."

Por esta razón, te expliqué anteriormente el origen de la palabra *ministerio*, porque está íntimamente ligada a la **primera porción** que recibió Jesús.

> **Mateo 3:16-17 (RVR1960)** "Y Jesús, después que fue bautizado, subió luego del agua; y he aquí los cielos le fueron abiertos, y vio al Espíritu de Dios que descendía como paloma...
> Y hubo una voz de los cielos, que decía: Este es mi Hijo amado, en quien tengo complacencia."

☞ **"¿Qué enseñanza recibimos de este acontecimiento?"**

- Jesús fue ungido con el Espíritu Santo públicamente.
- Fue declarado Hijo con autoridad.
- Inició su ministerio con poder.

Aquí recibe la **primera porción** del ministerio glorioso, como profeta ungido. Es el inicio de su obra en la tierra, activada por medio del servicio y el cuidado paternal que acompañaban la autoridad recibida.

☞ **Jesús recibe la segunda porción: En su resurrección y ascensión – Le fue dada toda autoridad y herencia**

Primero vemos que recibe la autoridad espiritual en su bautismo, al contemplar los cielos abiertos. Pero el gran misterio es que en su resurrección y ascensión recibe la **doble porción**: toda potestad en el cielo y en la tierra.

Salmo 2:7-8 (RVR1960)
"Mi Hijo eres tú; yo te engendré hoy.
Pídeme, y te daré por herencia las naciones,
y como posesión tuya los confines de la tierra."

> ☞ *Hoy reconozco que, en Cristo, recibo la doble porción: el Espíritu sin medida y la herencia completa del Reino. Declaro que vivo como coheredero con Él, bajo su autoridad en el cielo y en la tierra, y participo de la plenitud que Él ganó en su resurrección.*

Este pasaje mesiánico anticipa lo que Jesús recibiría como Primogénito: **una herencia completa, no solo espiritual, sino también terrenal.**

Mateo 28:18 (RVR1960)
"Y Jesús se acercó y les habló diciendo: Toda potestad me es dada **en el cielo y en la tierra.**"

¡Esto es glorioso! Aquí está la **doble porción**: la autoridad en el cielo y el cuidado sobre la tierra.

Efesios 1:20-23 (RVR1960)
"...La cual operó en Cristo, resucitándole de los muertos y sentándole a su diestra en los lugares celestiales, sobre todo principado y autoridad y poder y señorío, y sobre todo nombre que se nombra, **no solo en este siglo,** *sino también en el venidero;*
y sometió todas las cosas bajo sus pies, y lo dio por cabeza sobre todas las cosas a la iglesia, la cual es su cuerpo, la plenitud de Aquel que todo lo llena en todo."

➤ **"Clave espiritual de este momento"**

- Al vencer la muerte, Jesús recibe la gloria completa como Hijo resucitado.
- Es declarado Señor de todo y **heredero universal.**
- Desde esa posición celestial, comparte con nosotros su herencia y su Espíritu.

¿Cuándo comparte Jesús esa doble porción con nosotros?

Esta pregunta puede surgir mientras lees. Para responderla, veamos algunos ejemplos hermosos que nos conducen a una mejor relación con Cristo y nos ayudan a no despreciar su enorme sacrificio.

Hechos 2:33 (RVR1960)
"Así que, exaltado por la diestra de Dios, y habiendo recibido del Padre la promesa del Espíritu Santo, **(esto fue la primer porción,)** ha derramado esto que vosotros veis y oís."

✦ **La primera vez que aparece la palabra** *ministerio*

La primera vez que aparece la palabra *ministerio* en el Antiguo Testamento (en español, versión Reina-Valera 1960) es en:

Números 4:12 (RVR1960)
  — *"Y tomarán todos los utensilios del ministerio con que ministran en el santuario,*
y los pondrán en una tela de azul,
y los cubrirán con una cubierta de pieles de tejones,
y los colocarán sobre unas parihuelas."

Este versículo tiene un significado profético y simbólico que Jesús cumple y transforma en el Nuevo Pacto.

☞ **El patrón del servicio levítico (Números 4:12)**

¿Qué representan estos elementos?

- **Utensilios del ministerio**

  → Eran herramientas sagradas: 80ielo80essor, vasos, cucharones, incensarios.

  → Solo se usaban para el servicio dentro del tabernáculo.

  → Representan las funciones sagradas del ministerio.

- **Tela azul**

  → Azul en la Biblia representa 80ielo, divinidad y revelación celestial.

  → Cubre lo santo y lo conecta con el 80ielo.

- **Pieles de tejones**

  → Eran toscas y sin atractivo exterior, pero protegían lo 80ielo80e.

  → Representan la humildad externa que resguarda la gloria interna.

- **Parihuelas (soportes o varas de carga)**

  → Mecanismo de transporte: lo 80ielo80e debía ser llevado con cuidado.

  → Representa movimiento santo y ordenado, dirigido por Dios.

✦ **¿Cómo toma todo esto Jesús?**

1 **Jesús como Sumo Sacerdote y Utensilio vivo del ministerio**

Hebreos 8:2 (RVR1960)

"…ministro del santuario, y de aquel verdadero tabernáculo que levantó el Señor, y no el hombre."

Jesús no solo usa los utensilios: Él mismo es el altar, el sacrificio, el pan de vida, la luz del mundo y el 81ielo81essor. Todo lo que representaban los utensilios se cumple en Él.

2. Tela azul: Jesús descendió del 81ielo

Juan 6:38 (RVR1960)
"Porque he descendido del 81ielo, no para hacer mi voluntad, sino la voluntad del que me 81ielo."

La tela azul representaba la cobertura del 81ielo. Jesús es la gloria celestial encarnada.

3. Piel de tejones: Sin atractivo ni hermosura

Isaías 53:2 (RVR1960)
"…no hay parecer en él, ni hermosura; le veremos, mas sin atractivo para que le deseemos."

Así como la piel de tejones, Jesús no fue admirado externamente, pero dentro de Él estaba todo lo santo. Cubría su gloria con humildad.

4. Parihuelas: Jesús llevó el peso del ministerio y lo trasladó

Juan 19:17 (RVR1960)
"Y él, cargando su cruz, salió al lugar llamado de la Calavera..."

Así como los utensilios eran cargados, Jesús cargó con el ministerio del santuario y lo trasladó de lo terrenal a lo eterno. Llevó sobre sí el peso del sacerdocio, la expiación, el juicio y la presencia de Dios.

► El ministerio y la herencia del Primogénito

Por esta razón, la palabra *ministerio* está ligada desde el Antiguo Testamento, anticipando la herencia del Primogénito bajo un cuidado genuino hacia nosotros.

Colosenses 1:15 (RVR1960)
"Él es la imagen del Dios invisible, el primogénito de toda creación."

Romanos 8:29 (RVR1960)
"Para que él sea el primogénito entre muchos hermanos."

Hebreos 1:6 (RVR1960)
"Y otra vez, cuando introduce al Primogénito en el mundo, dice: Adórenle todos los ángeles de Dios."

Lamentablemente, la mayoría de las personas desconocen estas verdades. Nunca será igual recibir una enseñanza de una hora en una iglesia, que leer un buen libro; pero no cualquier libro, sino uno que te enseñe desinteresadamente, que no ensucie tu corazón.

Porque también hay muchos ministros y líderes que, sin darse cuenta, tienen el entendimiento entenebrecido y cargado de dolor. Algunos interpretan de manera forzada o errónea las enseñanzas, manipulándolas para lucrar de la fe de personas humildes. Y tristemente, como nos ha pasado a todos, leer es lo que más nos causa pereza. Por eso, siempre existirán personas no indicadas que se aprovecharán de la ignorancia, y tomarán ventaja de aquellos que desconocen la verdad.

☞ *Hoy reconozco a Cristo como el Primogénito que cargó con todo el peso del ministerio y me compartió su herencia. Decido valorar lo eterno, honrar su sacrificio y recibir con gratitud la doble porción que me corresponde como coheredero del Reino.*

Debemos tener cuidado y buscar información, estudiar con diligencia, y convertirnos en conocedores para discernir correctamente. Al hacerlo, nos será mucho más sencillo responder a esta pregunta: **¿Cuál es nuestra herencia en Cristo Jesús?**

Quiero dejarte algunos versículos maravillosos que nos transmiten con claridad esta enseñanza:

Romanos 8:17 (RVR1960)
"Y si hijos, también herederos; herederos de Dios y coherederos con Cristo, si es que padecemos juntamente con él, para que juntamente con él seamos glorificados."

Este versículo nos muestra con certeza que, si creemos en el Hijo, también poseemos la doble porción por medio de la primogenitura.

Nuestra herencia incluye:

➤ **Lo spiritual**

- **Salvación**

  Hebreos 1:14 (RVR1960)
  "¿No son todos espíritus ministradores, enviados para servicio a favor de los que serán herederos de la salvación?"

- **Vida eterna**

  Tito 3:7 (RVR1960)
  "Para que justificados por su gracia, viniésemos a ser herederos conforme a la esperanza de la vida eterna."

- **El Espíritu Santo como garantía**

  Efesios 1:13-14 (RVR1960)
  "En él también vosotros, habiendo oído la palabra de verdad, el evangelio de vuestra salvación, y habiendo creído en él, fuisteis sellados con el Espíritu Santo de la promesa, que es las arras de nuestra herencia hasta la

redención de la posesión adquirida, para alabanza de su gloria."

➤ Lo territorial

- **Las promesas de la tierra nueva**

  Apocalipsis 21:7 (RVR1960)
  "El que venciere heredará todas las cosas, y yo seré su Dios, y él será mi hijo."

➤ Lo eterno

- **Reinar con Cristo**

  2 Timoteo 2:12 (RVR1960)
  "Si sufrimos, también reinaremos con él; si le negáremos, él también nos negará."

- **Ser parte de su trono**

  Apocalipsis 3:21 (RVR1960)
  "Al que venciere, le daré que se siente conmigo en mi trono, así como yo he vencido, y me he sentado con mi Padre en su trono."

➤ Identidad compartida con Jesús

- Somos llamados *"Iglesia de los primogénitos"*

Hebreos 12:23 (RVR1960)
"...a la congregación de los primogénitos que están inscritos en los cielos, a Dios el Juez de todos, a los espíritus de los justos hechos perfectos."

- Nos fue dada la autoridad terrenal del Reino

Lucas 10:19 (RVR1960)
"He aquí os doy potestad de hollar serpientes y escorpiones, y sobre toda fuerza del enemigo, y nada os dañará."

- Una de las promesas más hermosas de la tierra:

Lucas 18:30 (RVR1960)
"...que no haya de recibir mucho más en este tiempo, y en el siglo venidero la vida eterna."

Esta enseñanza la amplio aún más en mi libro *Abismos del corazón: El secreto de las vibraciones*, el cual puedes encontrar en línea. Es un libro que te llevará de la mano para sostener una vida llena de plenitud en Cristo Jesús.

Pero también quiero que tengas en cuenta estas verdades: cuando empieces a buscar y entender el principio de Dios en los tiempos de la creación, y reconozcas que fuimos creados por excelencia, también descubrirás algo más profundo.

El enemigo odia que busques conocimiento en la sabiduría de Dios. Y en el evangelio de Mateo encontramos una historia que ilustra perfectamente esta verdad: la parábola de los labradores malvados.

Mateo 21:38-40 (RVR1960)

"38 Mas los labradores, cuando vieron al hijo, dijeron entre sí: Este es el heredero; venid, matémosle, y apoderémonos de su heredad.

39 Y tomándole, le echaron fuera de la viña, y le mataron.

40 Cuando venga, pues, el señor de la viña, ¿qué hará a aquellos labradores?"

☞ La estrategia del enemigo

El enemigo sabe que ya no puede tocar la herencia de Jesús, así que su única estrategia es:

➤ Hacer que los hijos no crean en su herencia.

➤ Distraernos, engañarnos o hacernos "venderla", como Esaú.

➤ Dividirnos o alejarnos de la posición de *hijos con derechos*.

Incluso intenta usar la boca de las personas para declarar: *"¿Para qué quiero la herencia, si de todas formas me voy a morir?"* Y lo peor es que, por falta de lectura y análisis de los contextos bíblicos, muchos tienden a repetir patrones equivocados que oyen.

Claro está, ellos no tienen toda la culpa, porque detrás de todo está el enemigo, el único a quien no le interesa que a ti te vaya bien en la vida. Desde la creación, el principio de Dios fue bendecirnos; por eso no te pierdas el capítulo titulado *Creados por excelencia*, donde compartiré ejemplos básicos de la excelencia divina.

Muchos argumentan: *"Desnudo nací y desnudo me iré"*. Lo han escuchado, pero pocos conocen la interpretación correcta del porqué estos versículos aparecen en la Biblia. Cada uno de ellos tiene su razón de ser y aquí te los comparto.

✦ Antiguo Testamento

Eclesiastés 5:15 (RVR1960)
"Como salió del vientre de su madre, desnudo, así vuelve, yéndose tal como vino; y nada tiene de su trabajo para llevar en su mano."

Este relato refleja el descuido de lo que Dios puso en las manos del hombre. Cuando el alma se aflige, pierde la capacidad de dar gracias por lo que recibe y se deja arrastrar por deleites pasajeros, temiendo perderlo todo.

Salmos 49:17 (RVR1960)
"Porque cuando muera no llevará nada, Ni descenderá tras él su gloria."

En este caso, David escribe en medio de la desilusión de su alma. En ese tiempo los hombres iban al seno de Abraham, sin la esperanza plena que tenemos en Cristo. La diferencia es notable cuando miramos a Caleb:

Josué 14:10-12 (RVR1960)

"10 Ahora bien, Jehová me ha hecho vivir, como él dijo, estos cuarenta y cinco años, desde el tiempo que Jehová habló estas palabras a Moisés, cuando Israel andaba por el desierto; y ahora, he aquí, hoy soy de edad de ochenta y cinco años.

11 Todavía estoy tan fuerte como el día que Moisés me envió; cual era mi fuerza entonces, tal es ahora mi fuerza para la guerra, y para salir y para entrar.

12 Dame, pues, ahora este monte, del cual habló Jehová aquel día; porque tú oíste en aquel día que los anaceos están allí, y que hay ciudades grandes y fortificadas. Quizá Jehová estará conmigo, y los echaré, como Jehová ha dicho."

¡Esto es glorioso! Caleb no dijo: *"Ya estoy viejo, ya no tengo fuerzas, ¿para qué quiero más tierras?"* Al contrario, confesó con fe y convicción que aún estaba fuerte para conquistar.

Job 1:21 (RVR1960)

"Y dijo: Desnudo salí del vientre de mi madre, y desnudo volveré allá. Jehová dio, y Jehová quitó; sea el nombre de Jehová bendito."

Job, por su parte, expresó esto en medio de una prueba devastadora, reflejando la intensidad de su dolor y el misterio de su sufrimiento.

✦ Nuevo Testamento

Ahora veamos cómo lo menciona el apóstol Pablo:

☞ Hoy decido recibir y valorar mi herencia en Cristo Jesús. Declaro que soy coheredero del Reino, partícipe de lo espiritual, lo eterno y lo terrenal. Vivo con la certeza de que la doble porción me pertenece como hijo amado de Dios.

Hebreos 13:5 (RVR1960)

"Sean vuestras costumbres sin avaricia, contentos con lo que tenéis ahora; porque él dijo: No te desampararé, ni te dejaré."

La clave aquí está en la frase: *"No te desampararé, ni te dejaré"*. Este verso se conecta con Mateo 6:33, donde se nos recuerda que si buscamos primero el Reino de Dios y sus principios, todo lo demás vendrá por añadidura. Cristo, como poseedor de la **doble porción**, tiene autoridad en lo terrenal y en lo espiritual; en Él está la plenitud de vida.

1 Timoteo 6:5-9 (RVR1960)

"5 disputas necias de hombres corruptos de entendimiento y privados de la verdad, que toman la piedad como fuente de ganancia; apártate de los tales.

6 Pero gran ganancia es la piedad acompañada de contentamiento;

7 porque nada hemos traído a este mundo, y sin duda nada podremos sacar.

8 Así que, teniendo sustento y abrigo, estemos contentos con esto.

9 Porque los que quieren enriquecerse caen en tentación y lazo, y en muchas codicias necias y dañosas, que hunden a los hombres en destrucción y perdición."

Al igual que en su tiempo, hoy también muchos son movidos por el enemigo para corromper la verdad y pervertir los principios de Dios. Por eso debemos volver a la esencia: contentamiento, gratitud y confianza en que el Padre, en Cristo, nos ha dado la doble porción.

➤ La herencia atacada en la parábola

La parábola nos relata que, cuando los labradores vieron al Hijo, dijeron entre sí: *"Este es el heredero; venid, matémosle, y apoderémonos de su heredad."*

De la misma manera, a Satanás no le gusta ver que a ti te vaya bien en la tierra bajo los principios de Dios. Por eso tratará de pervertir los principios divinos, usando a personas para confundir.

Hoy en día, ya sea en iglesias o en negocios, el enemigo utiliza a personas para desilusionar: algunos se aprovechan de los diezmos, otros de las ofrendas, otros de las oportunidades económicas. Todo con el fin de borrar del mapa el principio divino de Dios, que siempre fue bendecirte al hacer lo correcto delante de Él y de los hombres.

Estos principios —los diezmos, las ofrendas y las limosnas— los amplio más en mi libro *Abismos del corazón: El secreto de las vibraciones*. Son principios hermosos que, si no estás listo para creer en ellos, no pasa nada. No es como algunos argumentan por ahí, que si no das estás bajo maldición.

> ☞ *Hoy reconozco que el enemigo no puede arrebatar mi herencia en Cristo. Decido vivir como coheredero del Reino, guardando los principios divinos y recibiendo con gratitud la doble porción que el Hijo comparte conmigo.*

Lo que realmente sucede es que el enemigo vaciará su caja de herramientas con tal de que nunca experimentes la bondad de Dios en tu vida.

☞ La enseñanza apostólica sobre dar

El mismo apóstol Pablo lo explica claramente:

2 **Corintios 9:7 (RVR1960)**
"Cada uno dé como propuso en su corazón: no con tristeza, ni por necesidad, porque Dios ama al dador alegre."

3 **Corintios 8:12 (RVR1960)**
"Porque si primero hay la voluntad dispuesta, será acepta según lo que uno tiene, no según lo que no tiene."

En otras palabras, nadie debe dar por obligación o manipulación. El dar debe ser fruto de la voluntad y de un corazón alegre, nunca de imposición.

➤ Nuestra herencia compartida

Es maravilloso saber que lo que el Padre le dio al Hijo, el Hijo lo comparte con nosotros. Así como Jesús recibió naciones, autoridad y gloria, nosotros hemos sido hechos coherederos de la misma herencia eterna.

☞ *Hoy decido vivir con gratitud, reconociendo que nada traje al mundo y nada me llevaré, pero en Cristo tengo la herencia eterna. Confieso que mi plenitud no está en lo pasajero, sino en la doble porción de vida y gloria que me pertenece como coheredero del Reino.*

Capítulo 5

La doble porción: el cuerpo y la sangre del primogénito

✦ *"Lo que los hombres menospreciaron, Dios lo restauró en Cristo."*

Al principio, esto parece no tener sentido. Sin embargo, el propósito por el cual escribo estas líneas es para levantar tu autoestima y recordarte que no todo está perdido: en Cristo hay esperanza.

Aquí encontrarás un caudal de conocimiento, basado en los principios eternos de Dios. Su deseo es que estemos bien, pero, por desconocer la verdad, muchos no disfrutan de las bendiciones plenas en su diario vivir.

En este capítulo vamos a profundizar en otra de esas bendiciones, para que descubras lo que Dios tiene preparado para ti. Muchos no lo han percibido porque falta lectura y meditación en las Escrituras.

¿Por qué tomé la Biblia como fuente para este libro? La razón es sencilla: pude haber citado a algún filósofo renombrado, pero después de años de lectura y estudios —incluso con recursos antropológicos— comprendí que uno de los libros de autoayuda más extraordinarios del mundo es la Biblia.

Ella es principio de vida, y donde hay vida hay esperanza. Además, nos enseña cómo salir adelante en cualquier área: desde lo material y la salud, hasta la conciencia espiritual.

Por eso, continuemos en esta enseñanza que te impulsará a ser audaz en el conocimiento, a formar parte de las mentes sagaces y a convertirte en una especie de supernova para llevar aliento a los verdaderos campeones.

La restauración de lo perdido

Lo que Esaú despreció, Cristo lo restauró.

Ya conocemos lo que narra **Génesis 25:33-34**: Esaú vende su primogenitura. Pero esto cobra un sentido aún más profundo cuando descubrimos la poderosa verdad escondida detrás.

Recuerdo que, en tiempos antiguos, nuestros padres hacían pactos con la palabra, porque sabían que la palabra tenía poder. Poco a poco, ese principio se fue perdiendo debido a la deshonestidad de las personas y, en la actualidad, muchos han dejado de creer en la Palabra de Dios por las congojas de la vida diaria.

Sin embargo, en la antigüedad no siempre fue así.

Volvamos al Antiguo Testamento para ver cómo se entendía la doble porción.

☞ Cuando Jacob obtuvo la bendición de Isaac, está escrito:

Génesis 27:28-29
"Dios, pues, te dé del rocío del cielo,
Y de las grosuras de la tierra,
Y abundancia de trigo y de mosto.
Sírvante pueblos,
Y naciones se inclinen a ti;
Sé señor de tus hermanos,
Y se inclinen ante ti los hijos de tu madre;
Malditos los que te maldijeren,
Y benditos los que te bendijeren."

> ☞ *Hoy decido creer que Cristo me dio la doble porción: el trigo de su provisión y el vino de su sangre, para vivir en plenitud y victoria.*

Este pasaje está relacionado con **Génesis 12:3** y con **Génesis 14:18**, donde aparece la figura del pan y el vino. ¿Cómo sabemos que todo esto se refería a lo que habría de acontecer con la **doble porción: el cuerpo y la sangre del Primogénito**?

☞ **La respuesta la hallamos en:**

Hebreos 11:20
"Por la fe bendijo Isaac a Jacob y a Esaú respecto a cosas venideras."

La abundancia de trigo y de mosto, según **Génesis 27:28-29**, representaba una vida plena y próspera, tanto en lo material como en lo espiritual. Era un símbolo de la bendición de Dios sobre Su pueblo cuando vivían en obediencia.

➤ Significado de los elementos

✦ **¿Qué representaba el trigo?**
— Era el principal alimento básico en Israel y en todo el mundo antiguo.
— Simbolizaba sustento, provisión diaria y estabilidad económica.
— La cosecha de trigo era crucial para la supervivencia física y terrenal.

Por esta razón, cuando en la Biblia se prometía *abundancia de trigo*, lo que en realidad se estaba garantizando era **seguridad material y alimento en abundancia**.

✦ **¿Qué representaba el mosto?**
— El mosto era el vino nuevo, el jugo fresco de uva recién exprimido, antes de fermentar.
— Representaba alegría, bendición, renovación y **abundancia espiritual**.

— En Israel, tanto el vino como el mosto estaban íntimamente ligados a la celebración, la presencia de Dios y la comunión.

En Israel, el vino (y su forma temprana, el mosto) estaba ligado a la alegría, la celebración y la presencia de Dios. Era una hermosa costumbre que, hasta el día de hoy, muchos en Israel aún practican. Por esa misma razón, siguen siendo un pueblo próspero y bendecido, porque no han dejado de creer ni de echarse abajo unos a otros, sino que comparten la alegría de la prosperidad terrenal y espiritual.

En cambio, en nuestras comunidades de América, comprender este principio cuesta tanto, precisamente por la falta de conocimiento del propósito de Dios para nuestras vidas.

✦ Este era el principio maravilloso que había detrás de la bendición con trigo y mosto.

¿Qué significa la abundancia de trigo y de mosto en la Biblia?

Cuando la Escritura habla de abundancia de trigo y mosto, se refiere a:

— Una bendición completa: lo material (trigo) y lo espiritual/emocional (mosto).

— Un tiempo de favor divino.

— El resultado de la obediencia a Dios y a Su pacto.

Ejemplo clave:

Joel 2:24 (RVR1960)
"Y las eras se llenarán de trigo,
Y los lagares rebosarán de vino y aceite."

➤ Aplicación espiritual de hoy

☞ El trigo simboliza la Palabra de Dios que alimenta el alma:

Mateo 4:4 (RVR1960)
"Él respondió y dijo: Escrito está: No solo de pan vivirá el hombre, sino de toda palabra que sale de la boca de Dios."

☞ El mosto o vino nuevo representa el gozo del Espíritu Santo:

Hechos 2:13 (RVR1960)
"Mas otros, burlándose, decían: Están llenos de mosto."

Después de todo esto, llegamos a uno de los privilegios más grandes: el cumplimiento de la **doble porción** en nuestras vidas.

Mateo 26:26-28 (RVR1960)
26 Y mientras comían, tomó Jesús el pan, y bendijo, y lo partió, y dio a sus discípulos, y dijo: Tomad, comed; esto es mi cuerpo.
27 Y tomando la copa, y habiendo dado gracias, les dio, diciendo: Bebed de ella todos;
28 porque esto es mi sangre del nuevo pacto, que por muchos es derramada para remisión de los pecados.

Así como Jacob recibió trigo y mosto, nosotros recibimos pan y vino, pero en plenitud eterna por medio de Cristo. El pan proveniente del trigo representa las bendiciones, herencias y legados en la tierra que no deben desperdiciarse por ninguna razón. El vino representa lo espiritual: lo invisible, el perdón de los pecados.

> ☞ *Hoy decido recibir y vivir la doble porción: el pan que me da herencia y provisión terrenal, y el vino que me concede redención y comunión eterna.*

Por esta razón, siempre que Jesús sanaba, lo primero que hacía era perdonar los pecados, y luego animar a las personas. Si observas la narrativa de varias de sus sanaciones, antes de la curación decía: *"Ten ánimo, tus pecados te son perdonados."* Y es que sin ánimo, el cuerpo decae.

Proverbios 18:14 (RVR1960)

"El ánimo del hombre soportará su enfermedad; Mas ¿quién soportará al ánimo angustiado?"

☞ La plenitud de la doble porción

✦ Hoy, gracias a los principios antiguos, gozamos de la **DOBLE PORCIÓN**:

➤ 1. **El pan (su cuerpo)** = la bendición terrenal, provisión, salud, cuidado físico.

➤ 2. **El vino (su sangre)** = la bendición espiritual, redención, herencia celestial, comunión eterna.

Mateo 28:18 (RVR1960)
"Y Jesús se acercó y les habló diciendo: Toda potestad me es dada en el cielo y en la tierra."

Si deseas profundizar más en esta bendición, te invito a mi otro libro *Abismos del corazón: El secreto de las vibraciones*, donde explico con mayor amplitud cómo romper con los pensamientos limitantes, liberarte de las acusaciones y disfrutar la plenitud de la vida bajo los principios y propósitos de Dios.

Porque, aunque muchos quieran verte hundido, la voluntad de Dios es que vivas en plenitud.

3 Juan 2 (RVR1960)
"Amado, yo deseo que tú seas prosperado en todas las cosas, y que tengas salud, así como prospera tu alma."

✦ *Me encanta que desde el Antiguo Testamento ya se ejemplificaba el deseo y el simbolismo de la doble porción.*

1. Elías y Eliseo — La doble porción del espíritu

2 Reyes 2:9 (RVR1960)
"Cuando habían pasado, Elías dijo a Eliseo: Pide lo que quieras que haga por ti, antes que yo sea quitado de ti. Y dijo Eliseo: Te ruego que una doble porción de tu espíritu sea sobre mí."

Aquí no se trata de una herencia material, sino espiritual. Eliseo actúa como un hijo primogénito en la fe y pide la doble porción que le corresponde como legítimo sucesor del ministerio profético de Elías.

2. Isaías — Profecía de doble herencia espiritual

Isaías 61:6-8 (RVR1960)
6 Y vosotros seréis llamados sacerdotes de Jehová, ministros de nuestro Dios seréis llamados; **comeréis las riquezas de las naciones, y con su gloria seréis sublimes.**
7 En lugar de vuestra doble confusión y de vuestra deshonra, os alabarán en sus heredades; por lo cual en sus tierras **poseerán doble honra, y tendrán perpetuo gozo.**
8 Porque yo Jehová soy amante del derecho, aborrecedor del latrocinio para holocausto; por tanto, afirmaré en verdad su obra, y haré con ellos pacto perpetuo.

Este pasaje habla de restauración espiritual y de honra multiplicada, en línea con la herencia redentora doble que Dios promete a quienes confían en Él. Relatos que perfectamente nos dejan claro que el ladrón no llega si no para matar, hurtar y destruir, pero el propósito de él es darte vida y vida en abundancia.

3. Job — Restaurado al doble

Job 42:10 (RVR1960)
"Y quitó Jehová la aflicción de Job, cuando él hubo orado por sus amigos; y aumentó al doble todas las cosas que habían sido de Job."

Aunque Job no es un primogénito en sentido legal, recibe una doble porción como símbolo de restauración divina después de su tiempo de prueba.

Cumplimiento en el Nuevo Testamento

Gracias a estas enseñanzas y ejemplos, entendemos que las aplicaciones espirituales de la herencia deben ejecutarse en nuestras vidas con fe. La Escritura nos muestra que en Cristo se cumple el propósito final de la doble porción.

✦ Jesús: El Primogénito que hereda todo

Hebreos 1:2 (RVR1960)
"En estos postreros días nos ha hablado por el Hijo, a quien constituyó heredero de todo…"

Colosenses 1:15 (RVR1960)
"Él es la imagen del Dios invisible, el primogénito de toda creación."

Jesús es el Primogénito universal y el heredero completo de Dios. En Él se consuma la herencia total, tanto material como espiritual.

✦ Nosotros: Coherederos con Cristo

Romanos 8:17 (RVR1960)
"Y si hijos, también herederos; herederos de Dios y coherederos con Cristo…"

La bendición es que ahora nosotros, como hijos de Dios, somos coherederos con Cristo. Esto significa que la doble porción, que en el Antiguo Testamento era una sombra, se cumple plenamente en nuestra identidad como herederos del Reino.

Capítulo 6

Creados por excelencia

"Fuimos diseñados con excelencia desde la mente de Dios, y esa chispa divina sigue siendo la fuente de nuestra fuerza y destino."

Conocer los principios de los cinco capítulos anteriores no solo te da conocimiento, sino fuerza para seguir luchando tomado de la mano de Dios sobre la tierra. Y, en el siglo venidero, alcanzar la vida eterna, siempre y cuando hayas creído en esta maravillosa promesa. De lo contrario, como ya lo expliqué en capítulos anteriores, los que solo persiguen un sueño sin creer, tendrán vida... pero no vida eterna.

Aunque la combinación de creer y buscar la sabiduría te hace más fuerte, esto lo sabía el hombre más sabio de la Biblia, quien lo expresó en:

☞ **Proverbios 24:5 (RVR1960)**

El hombre sabio es fuerte,
Y de pujante vigor el hombre docto."

► En palabras sencillas:

✦ "La persona que tiene sabiduría se vuelve fuerte, y quien tiene conocimiento adquiere aún más poder y capacidad para avanzar."

Esto significa que la verdadera fuerza no está solo en lo físico, sino en la mente y en el corazón. El que aprende, se prepara y entiende, posee más herramientas para enfrentar la vida y superar dificultades. Esa es precisamente la idea de este libro: darte herramientas para vivir libre de estrés y, sobre todo, para fortalecer tu círculo de vida.

Ahora bien, nunca falta aquel que aparece de la nada cuando te escucha hablar positivamente, porque has cambiado tu manera de pensar y expresarte. Entonces, surge el comentario: *"¿Para qué tanto saber, si todo se queda aquí?"* Pues justamente por eso: ¡para no quedarnos aquí!

Porque por falta de sabiduría todo se estropea, no solo el bienestar terrenal, sino también la vida espiritual. Por ahí entra el desánimo, las desilusiones, y al final muchos se apartan de los caminos de Dios. Esto sucede porque muchos se dejan guiar por guías ciegos que terminan perjudicando tanto a otros como a sí mismos. La Palabra lo advierte: "van de mal en peor, engañando y siendo engañados."

En mis más de veinte años de experiencia, he visto una y otra vez cómo el desánimo inicia en lo terrenal y termina devastando lo espiritual. Este problema no distingue etnias ni culturas; es universal.

✧ **En pocas palabras:** el conocimiento no solo informa, también transforma y fortalece destinos.

☞ El apóstol Pablo lo reafirma:

1 Corintios 1:25 (RVR1960)
"Lo insensato de Dios es más sabio que los hombres; y lo débil de Dios es más fuerte que los hombres."

✦ En lenguaje actual: aquello que parece lo más débil de Dios, sigue estando por encima de lo más fuerte del ser humano.

➤ Y añade en:

Colosenses 1:9-11 (RVR1960)
"...que seáis **llenos del conocimiento** de su voluntad en toda sabiduría e inteligencia espiritual... fortalecidos con todo poder..."

Me encanta lo que Salomón afirmó: que el sabio es fuerte; Pablo declaró que el fuerte en Cristo es imparable. Y yo agrego con cierta ironía: *si no quieres crecer, quédate igual... pero no critiques al que decide avanzar.*

En mi experiencia, he buscado unir la información con recursos antropológicos y biológicos. Aunque no soy profesional en esas áreas, me he informado durante más de quince años y también he tomado cursos en semiología aplicada al marketing digital. Todo esto fortaleció la

convicción de este capítulo: **fuimos creados por excelencia.**
Desde el principio, en los pensamientos de Dios, fuimos
diseñados por defecto bajo el sello de Su excelencia.

☞ Hoy declaro que fui creado por la excelencia de Dios, y en esa excelencia camino, pienso y actúo para cumplir mi destino.

Pero, ¿cómo puedo saber esto? —
me dirás. Precisamente para eso
estamos aquí: para demostrarte de qué
estás hecho y cuál es tu origen. Si todos
conocieran este principio, te aseguro
que la mayoría pensaría de manera
completamente diferente. Pero vayamos
al grano. Déjame mostrarte por qué
fuimos creados por excelencia, para que
entres un momento en la reflexión.

En el Antiguo Testamento se encuentra este maravilloso
principio de Dios:

Génesis 1:26-27 (RVR1960)

"Entonces dijo Dios: Hagamos al hombre **a nuestra imagen**,
conforme a nuestra semejanza…
Y creó Dios al hombre a su imagen, a imagen de Dios lo
creó; varón y hembra los creó."

Con solo este versículo podemos reflexionar y darle un
valor de pertenencia a la perspectiva que tenemos de
nosotros mismos.

¿Te has puesto a pensar por un instante cómo es Dios?
¿Cómo será su aspecto? ¿Qué ha creado? ¿Qué palabras
hay en su boca? ¿Será negativo o será el Dios todopoderoso
que creó los cielos, los árboles, las maravillas de las galaxias
y a nosotros mismos, entre tantas cosas más?

Si ya te detuviste a meditar en cómo es Él, ahora piensa: si Él te creó conforme a su imagen, ¿qué características ves en ti?

Génesis 5:1 (RVR1960)
"Este es el libro de las generaciones de Adán. El día en que creó Dios al hombre, a **semejanza de Dios lo hizo.**"

☞ En palabras sencillas: fuiste creado por excelencia. Tienes los rasgos de Dios, la materia de Él, el soplo de vida, el aliento. En tu boca también hay creación (esto lo veremos en los siguientes capítulos). Lo cierto es que en tu imagen también hay brillo celestial.

Lamentablemente, hoy muchas personas han perdido esa excelencia por la congoja y las presiones del mundo moderno. Aun así, permíteme decirte que en medio de los desafíos de la vida existe una herramienta muy especial que siempre ha estado ahí: **tus palabras.** Ellas son las que crean tu destino, porque fuiste hecho a semejanza de Dios. Solo necesitas activar y cambiar tu manera de hablar, porque en ti está ese brillo desde el principio de tu creación.

Sin embargo, hay alguien que se ha ocupado de hacerte perder el valor que hay en ti: Satanás. Él no quiere estar solo y por eso utiliza a personas como intermediarios para borrar de tu mapa mental la verdad de tu creación y de que fuiste hecho con excelencia.

Efesios 6:12 (RVR1960)
"Porque no tenemos lucha contra sangre y carne, sino contra principados, contra potestades, contra los

gobernadores de las tinieblas de este siglo, contra huestes espirituales de maldad en las regiones celestes."

Ellos son los interesados en que no tengas una vida plena en Cristo ni en tu diario vivir. Y lo confirma otro pasaje:

Juan 10:10 (RVR1960)
"El ladrón no viene sino para hurtar y matar y destruir; yo he venido para que tengan vida, y para que la tengan en abundancia."

El problema es que el enemigo ha insistido tanto —ya sea usando personas— en quitar el valor de cada corazón, hasta que la gente pierde las ganas de verse bien, de creer en nuevas oportunidades, y peor aún, de luchar por salir adelante.

☞ *Hoy reconozco que fui creado a imagen y semejanza de Dios, en excelencia, con Su soplo de vida en mí. Mis palabras tienen poder, y decido usarlas para crear vida, libertad y abundancia en Cristo.*

Mucha gente, con grandes necesidades, se acerca a la iglesia buscando una palabra de aliento. Llegan quebrantados por deudas, esperando esperanza, y lo que escuchan muchas veces es lo contrario: que no hay salida hasta la vida venidera, en la resurrección de los muertos.

¿Y crees que estar endeudado es algo bonito? ¡No! Yo ya pasé por ahí, y es terrible. Quien haya vivido esa situación sabe lo devastador que puede ser.

Tanto es así que la Biblia relata un caso de deuda poderosa:

2 Reyes 4 (RVR1960) — El aceite de la viuda

Una mujer clamó a Eliseo: "Tu siervo mi marido ha muerto; y tú sabes que tu siervo era **temeroso de Jehová;** y ha venido el acreedor para tomarse dos hijos míos por siervos."

Notemos algo: Eliseo no le dijo *"vive Jehová, que en la próxima vida ya no tendrás deudas"*. ¡No! Eliseo buscó una solución. Le dijo: "¿Qué te haré yo? Declárame qué tienes en casa." Y ella respondió: "Tu sierva ninguna cosa tiene en casa, sino una vasija de aceite."

Entonces Eliseo le dijo: "Ve y pide para ti vasijas prestadas de todos tus vecinos, vasijas vacías, **y no pocas.**" Eso es tener fe creativa.

Luego añadió: "Entra, enciérrate tú y tus hijos, y echa en todas las vasijas; y cuando una esté llena, ponla aparte."

Ella obedeció. Cerró la puerta, y sus hijos le pasaban las vasijas mientras ella vertía el aceite. Cuando las vasijas estuvieron llenas, dijo a su hijo: "Tráeme aún otra vasija." Y él respondió: "No hay más vasijas." Entonces cesó el aceite.

Vino ella luego al varón de Dios, y él le dijo: "Ve, vende el aceite, paga a tus acreedores; y tú y tus hijos vivid de lo que quede."

✦ Esto es lo que buscamos: **historias sorprendentes** que te animen e impulsen a seguir creyendo, tanto en esta tierra como en el siglo venidero, la vida eterna.

En el Nuevo Testamento no siempre se usa la palabra *"imagen"* de forma tan directa como en Génesis, pero Pablo y otros escritores retoman la idea con poder y claridad.

Colosenses 3:10
"Y revestido del nuevo, el cual conforme a la imagen del que lo creó se va renovando hasta el conocimiento pleno."

☞ *Hoy declaro que fui creado por excelencia, a imagen y semejanza de Dios. Camino en la plenitud de Cristo, siendo renovado día tras día en Su gloria.*
Ninguna mentira ni desinformación me robará la verdad: soy portador de la imagen del Dios viviente.

2 Corintios 3:18
"Por tanto, nosotros todos, mirando a cara descubierta como en un espejo la gloria del Señor, somos transformados de gloria en gloria en la misma imagen, como por el Espíritu del Señor."

En resumen: existen muchos versículos que señalan que llevas el mismo brillo de Dios, porque eres Su creación. **Fuiste creado bajo los pensamientos brillantes de Dios.**

El relato del Antiguo Testamento, en **Génesis**, establece la base de que fuimos creados a la imagen de Dios. El relato del Nuevo Testamento profundiza en que esa imagen se restaura y se perfecciona en Cristo Jesús.

Pero al final, es tu decisión qué voz decides escuchar. Porque, tanto en el liderazgo secular como en las congregaciones, **existe la desinformación** que busca que no vivas una vida llena de plenitud en Cristo Jesús.

2 Timoteo 3:8

("Y de la manera que Janes y Jambres resistieron a Moisés, así también éstos resisten a la verdad; hombres corruptos de entendimiento, réprobos en cuanto a la fe.")

Capítulo 7

Comportamiento subconsciente por excelencia

Lo que eliges en lo cotidiano revela quién eres en lo profundo, aunque ni siquiera lo notes.

Por mucho tiempo, mientras experimentaba los códigos simbólicos tribales de los comportamientos subconscientes —aun antes de tomar la decisión de escribir este libro— solía observar con detenimiento a las personas en distintos lugares: supermercados, ventas de ropa, concesionarios de vehículos. Me llamaba la atención, sobre todo, analizar los comportamientos en tiendas como **Ross, T.J. Maxx, Burlington**, entre otras, así como en los *tianguis* o mercados ambulantes, conocidos en los Estados Unidos como *pulgas*.

Mientras observaba cada detalle, descubrí algo fascinante: cuando las cosas están al alcance de la gente, subconscientemente, sin darse cuenta, **siempre buscan lo mejor**. Ya sea frutas, uvas, ropa, zapatos, o lo que esté más cercano. Incluso con los vehículos —aunque más complejos de adquirir— las personas no dejan de admirar la belleza de los autos más sobresalientes.

Pero cuando las cosas **no están a tu alcance**, tiendes a desarrollar pensamientos que no van de acuerdo con los principios de Dios. Es ahí donde, como dicen los hijos de este siglo, aparecen los **pensamientos mediocres**.

En ese análisis descubrí algo revelador: jamás vi a alguien escogiendo las peores frutas, la peor ropa o el peor auto. ¡No! Porque **por diseño divino fuimos creados para la excelencia**, bajo el toque de la mano de Dios.

Sin embargo, cuando el enemigo ha avanzado en desvalorizar tus principios de creación, el ser humano, en lugar de recurrir al Padre de los principios que está en los cielos, termina recurriendo al padre de la destrucción. Ese **no es el principio de Dios**.

> ☞ *Hoy decido pensar como hijo de excelencia, creado a imagen de Dios. Mis pensamientos reflejarán generosidad, y por generosidad seré exaltado.*

El principio de Dios fue crearte bajo Su mismo brillo, a Su imagen. Por lo tanto, el deseo de Dios siempre será lo mejor para ti. Si fuimos creados a Su imagen, eso es lo que debe manifestarse en nosotros: pensamientos de vida, de propósito y de excelencia, y no lo contrario: pensamientos de mal o de ruina.

Fundamento bíblico

Isaías 32:6-8 (Reina-Valera 1960)

«Porque el ruin hablará ruindades, y su corazón fabricará iniquidad, para cometer impiedad y para hablar escarnio contra Jehová, dejando vacía el alma hambrienta, y quitando la bebida al sediento.

7 Las armas del tramposo son malas; trama intrigas inicuas para enredar a los simples con palabras mentirosas, y para hablar en juicio contra el pobre.

8 Pero el generoso pensará generosidades, y por generosidades será exaltado.»

Es increíble cómo Isaías lo describe: **el ruin hablará ruindades**. Eso es lo que sucede cuando el enemigo logra convencerte de hablar como un ruin; así se desencadenan la injusticia y la mediocridad. Pero el texto también nos muestra la salida: «**el generoso pensará generosidades, y por generosidades será exaltado**».

La pregunta entonces es directa: **¿De qué lado quieres estar tú: del lado de los ruines,** *o del lado de los principios brillantes de Dios?*

En **Proverbios 10:32 RVR1960** leemos:
Los labios del justo saben hablar lo que agrada;
Mas la boca de los impíos habla perversidades.

Cuando el corazón tiende a **desviarse** por el trajín de la vida —y, claro, con el complemento de los errores que uno comete—, muchos se desaniman por la falta de respuestas y terminan **hablando perversidades** o cosas vanas sin sentido. **Mas la boca del justo**, del que se esfuerza en aprender, del que busca sagazmente, **se convierte en tierra deseable**, porque **sabe hablar lo que**

agrada. Por esta razón es **necesario** buscar **conocimiento que transforma, sabiduría que da vida;** estar siempre disponibles y **ser enseñables; afinar el oído** para un mayor impacto espiritual y terrenal.

➤ Cuida tus compañías

Ten cuidado con quienes te juntas; no descuides **el regalo más grande que hay en ti: el brillo de Dios.** No te contagies con gente que ya **perdió el deseo de vivir;** al contrario, **motivalos** y **hazles** ver que somos una **hermosa creación,** con creatividad en nuestra boca y en nuestras palabras. Por eso, no te pierdas el capítulo **«El poder neurolingüístico de la Biblia»,** estrechamente vinculado con este tema.

☞ Mira lo que dice este otro texto:

Proverbios 14:7 — RVR1960
Vete de delante del hombre necio, porque en él no hallarás labios de ciencia.

El sabio más renombrado del Antiguo Testamento lo sabía. Por esa misma razón te comenté anteriormente que, cuando la gente **empiece a notar tu cambio** —tu manera de pensar, tu forma de hablar—, **empezarán a hablar ruindades** de ti. **No tienes** que escucharles: son **influencias** que no desean tu avance y usarán personas para mantenerte atrapado en ese círculo de ruindades. **Pero tú eres brillante:** un o una **supernova sagaz,** con el **ADN** y el brillo de Dios. **No te dejes contaminar.** Detente y **reflexiona** en la bondad de Dios; con tus palabras **empieza a decretar** lo bueno que quieres (y no lo malo que no quieres). Desde tu creación hay **comportamientos subconscientes de excelencia** depositados en ti; **activa tu fe con tus palabras** y **busca la sabiduría incansablemente**. Tal vez llevas años **hablando ruindades** sin darte cuenta y formaste un hábito que hoy es tu mayor obstáculo. **Mientras estés de pie, aún hay esperanza.** Así como se invierte tiempo en **pensamientos ordinarios**, inviértelo también en ser **ilustre en conocimiento** y **audaz al pensar**.

Proverbios 18:15 — RVR1960
El corazón del entendido adquiere sabiduría; y el oído de los sabios busca la ciencia.

Del hebreo original: *da'at* — conocimiento profundo que implica **sabiduría, entendimiento y aplicación**.

Pero me dirás: *eso fue en el Antiguo Testamento*. Sin embargo, quiero dejarte una prueba más de que fuimos creados bajo **excelencia**:

Efesios 2:10 — Reina-Valera 1960
Porque somos hechura suya, creados en Cristo Jesús para buenas obras, las cuales Dios preparó de antemano para que anduviésemos en ellas.

Si notas, dice que **fuimos creados para buenas obras**; y donde afirma «**las cuales Dios preparó de antemano**», es exactamente lo que te he estado hablando durante este libro: desde el principio, por las características poderosas de Dios, **con el puro pensamiento de Él** fuimos creados para buenas obras—y eso desde el inicio. Lamentablemente, con el pasar de los años, esta verdad fue perdiendo fuerza en muchos, al punto de que la gente **ni siquiera se pregunta bajo qué percepción fuimos creados**. Esto ocurre por **falta de ejercitar los sentidos** para lograr un mayor discernimiento en todas las áreas de la vida.

Hebreos 5:14 — Reina-Valera 1960

14 pero el alimento sólido es para los que han alcanzado madurez, para los que por el uso tienen los sentidos ejercitados en el discernimiento del bien y del mal.

La madurez no es casualidad: **se alcanza por el uso**. Quien ejercita sus sentidos **discierne**; y quien discierne, **camina** en las obras que Dios preparó. Por eso, **activemos la excelencia** con la que fuimos diseñados, entrenando pensamiento, oído y palabra para alinearlos con el propósito.

Del Conocimiento Fluye el Poder: Se Revela al que Conoce

Ahora que ya **hemos** llegado **hasta** aquí, espero que **hayas** comprendido estos maravillosos principios para que seas un líder completo, con **principios sagaces**, capaz de enfrentar cualquier desafío de la vida. **Por** eso me atrevo a mencionar que hay una gran cantidad de líderes a nivel mundial que ni siquiera **se han** formado en **dominio propio**. Imagina a una persona queriendo **obtener** liderazgo y no tener la formación **correcta** para enfrentar los obstáculos que las **presiones** presentan cada día. Con el diseño de Dios fuimos creados para dar a conocer estos grandes y maravillosos misterios. En **1 Corintios 2:13-14** encontramos esto que dice así::

1 Corintios 2:13-14 — RVR1960
lo cual también hablamos, no con palabras enseñadas por sabiduría humana, sino con las que enseña el Espíritu, acomodando lo espiritual a lo espiritual.
14 Pero el hombre natural no percibe las cosas que son del Espíritu de Dios, porque para él son locura, y no las puede entender, porque se han de discernir espiritualmente.

Aparte de que hay **creatividad en tu boca**, hay una **conexión divina** para los que creen. Es algo similar al **wifi** de tu celular: está ahí, pero no lo ves. Así es el ser humano, pero en su naturaleza ha olvidado estos principios. Imagina al apóstol Pablo enseñando estos versículos bíblicos y expresando su gran conocimiento a los oyentes: **cada uno en particular** fuimos llamados a **revelar la sabiduría de Dios**.

> ☞ *Hoy guardo mis labios para hablar lo que agrada, afino mi oído para buscar la ciencia y activo los comportamientos de excelencia que Dios sembró en mí. Camino en sabiduría, brillo y propósito.*

¿Y **qué sabiduría**? Si a la gente —sea en congregaciones o en negocios— lo que menos le gusta es **leer**. Muchos quieren **hablar** lo que se les ocurre, y eso lleva a no ver frutos, porque no hay el esfuerzo mínimo de **aprender**. Mira cómo lo expresa Pablo en este texto:

Efesios 3:10 — RVR1960 "para que la multiforme sabiduría de Dios sea ahora dada a conocer por medio de la iglesia a los principados y potestades en los lugares celestiales."

Esto es adquirir conocimiento. Hay un **brillo** en la creación de Dios: **eres creado por excelencia**, y Dios te ha delegado que **naciste** para dar a conocer estos principios de la **multiforme sabiduría de Dios** a los principados y potestades en los lugares celestiales.

> ☞ *Hoy recupero mi diseño por excelencia: abro mi mente a la multiforme sabiduría de Dios, activo mi conexión con el Espíritu y elijo palabras que edifican. Camino como "miembro en particular" del cuerpo de Cristo, con dominio propio, discernimiento y frutos visibles.*

Y si ahora ya tienes ese conocimiento, es momento de **recuperar tu creación por excelencia**. Empieza a **analizar** que, muchas veces, **subconscientemente elegiste lo mejor**: los mejores tomates, las mejores uvas, la novia más hermosa; elegiste a tu esposa porque te gustó… entre muchas cosas.

☞ **Fíjate cómo Pablo expresa este principio divino:**

1 Corintios 12:27 — RVR1960
27 Vosotros, pues, sois el cuerpo de Cristo, y miembros cada uno en particular.

Cada uno en particular; pero quien no quita sus hábitos de **hablar ruindades** nunca **hallará** el bien. Esto recomienda el proverbista:

Proverbios 14:6 — RVR1960
Busca el escarnecedor la sabiduría y no la halla;
Mas al hombre entendido la sabiduría le es fácil.

▶ **Para el hombre entendido la sabiduría le es fácil.**
Así de sencillo.

Antes de cerrar este capítulo, quiero recomendarte algo esencial: **la sabiduría no se adquiere para jactarse ni para humillar** a quien no la tiene. Ese no es el principio del conocimiento. El apóstol Santiago lo enseña con claridad:

> ☞ *Hoy afirmo que soy hechura de Dios en Cristo Jesús; ejerzo mis sentidos para discernir el bien y el mal, y camino en las buenas obras que Él preparó de antemano para mí.*

Santiago 3:17 — Reina-Valera 1960
17 Pero la sabiduría que es de lo alto es primeramente pura, después pacífica, amable, benigna, llena de misericordia y de buenos frutos, sin incertidumbre ni hipocresía.

Llenarse de conocimiento es para servir mejor: para liderar con mansedumbre y levantar al que lo necesita, **no para hundirlo**. Me encanta cómo Pablo lo expresa:

✦ **La revelación por el Espíritu de Dios**

1 Corintios 2:6-7 — Reina-Valera 1960
6 Sin embargo, hablamos sabiduría entre los que han alcanzado madurez; y sabiduría, no de este siglo, ni de los príncipes de este siglo, que perecen.
7 Mas hablamos sabiduría de Dios en misterio, la

sabiduría oculta, la cual Dios predestinó antes de los siglos **para nuestra gloria**,

Debemos crecer y aprender a no depender únicamente de un liderazgo que nos esté enseñando continuamente; cada uno ha de **poner de su parte** para buscar el **crecimiento cristiano y glorioso** que fue el propósito de nuestra creación. Eso requiere **escudriñar, orar y prepararse**, no simplemente depender del liderazgo espiritual.

☞ *Hoy renuncio a toda soberbia del saber y abrazo la sabiduría de lo alto: pura, pacífica y llena de buenos frutos. Oro para que mis ojos sean alumbrados, y asumo mi responsabilidad como parte del cuerpo de Cristo, sirviendo y levantando a otros con mansedumbre y verdad.*

Por esta razón, en iglesias y negocios algunos repiten la frase **"la iglesia no está preparada"** como si justificara la inacción o encubriera la falta de responsabilidad, compromiso o madurez personal. **La Biblia es clara**: cada creyente es **parte del cuerpo de Cristo** y tiene una responsabilidad individual que **no puede delegar**.

Mi deseo más grande para ti se resume en esta oración apostólica:

Efesios 1:17-18 — Reina-Valera 1960
17 para que el Dios de nuestro Señor Jesucristo, el Padre de gloria, os dé espíritu de **sabiduría** y de revelación en el conocimiento de él,

18 alumbrando los ojos de vuestro entendimiento, para que sepáis cuál es la esperanza a que él os ha llamado, y cuáles las riquezas de la gloria de su herencia en los santos,

Capítulo 8

El poder neurolingüístico en la Biblia.
Efesios 6:16

✦ *"Las palabras que repites en tu mente se convierten en la espada con la que peleas o en la cadena que te ata."*

En los últimos años me he dado cuenta de que a la gente le encanta leer sobre la armadura de Dios en Efesios 6:10 al 14. La mayoría lucha por entender estos principios para tener una vida más abundante en todas las áreas, pero lo cierto es que, sin el análisis pleno y la profundidad del conocimiento de este poderoso pasaje, no verán resultados claros en sus vidas. Todo se debe a la falta de comprensión profunda para ejecutar correctamente estos textos.

Y es precisamente para eso que estamos aquí: para explicarte en un lenguaje sencillo cómo sacar el máximo provecho de esta enseñanza. Déjame confesarte que para mí no ha sido fácil. En el área espiritual, ¿cómo puedo explicar que en el mundo secular existe algo llamado **PNL**

(programación neurolingüística), y a la vez mostrarles a los expertos en PNL que este mismo principio está en la Biblia, pero con una potencia aún mayor en resultados?

Esto es grandioso: tener el conocimiento de ambos lados. Lo cierto es que esto es real; siempre ha estado ahí. Sin embargo, no quiero dejar de mencionar que muchos han manchado este precioso legado. Personas que intentaron lucrar con la PNL, sin siquiera entenderla por completo, se dejaron guiar por pensamientos pesimistas, llevando ruindades a sus palabras. Por esa misma razón ya no se encuentran maestros ni líderes que enseñen este principio con claridad.

> ☞ *Hoy decido abrir mis ojos espirituales y entrenar mi mente para usar las palabras como espada de vida, no como cadenas de derrota.*

En muchas iglesias —quizás no en todas, pero sí en la mayoría, un 80 por ciento— ni siquiera conocen este estudio de la PNL. Tal vez nunca lo han escuchado. ¿Sabes por qué? Porque la mayoría de personas observa la vida como a través de un embudo al derecho: miran solo lo estrecho, lo limitado. Pero lo correcto sería usar el embudo al revés: ir de lo más delgado hacia lo más amplio, para poder ver toda la riqueza que hay afuera… e incluso dentro de la misma Biblia.

Ahí está todo, pero se requiere esfuerzo y disposición para comprender esos principios. Este llamado es especialmente para los maestros y líderes del mundo: sin importar a qué te dediques, es necesario aprender y enseñar a otros a ver las cosas desde diferentes perspectivas.

Cierto día escuché un chiste que me encantó demasiado. Se trataba de un licenciado que, en determinado momento, decidió venderle un pozo a un profesor. Tres días después, el licenciado regresó y le dijo al profesor:

—Te vendí el pozo, pero no el agua. Así que, si decides usarla, tendrás que pagarme la renta por el uso.

Al escuchar esto, el profesor respondió inmediatamente: —Exactamente de eso quería hablarte: del agua. Tienes tres días para moverla de mi propiedad; de lo contrario, tendrás que pagar renta por el uso de mis tierras.

El abogado sonrió y dijo:

—¿Cómo crees? Solo era una broma.

Entonces el profesor, también sonriendo, contestó:

—Eso fue lo que pensé en un principio, cuando vi que un abogado intentaba tomarme el pelo. Pero olvidaste algo: los que formamos a los abogados somos los profesores.

Ese chiste me gustó porque refleja que, en los maestros aplicados y apasionados, hay virtudes que se expanden a muchas ramas de las profesiones. Por eso es tan importante prepararnos para entender y comprender con mayor precisión los principios de la **programación neurolingüística**.

Ahora bien, ¿cómo manejamos la PNL en nuestras vidas? Aunque muchas personas desvían su realidad de esta verdad, la programación mental es más cierta que falsa. Esto lo saben muy bien en el mundo secular, y también se encuentra en toda la Biblia. Aunque parezca increíble, es un poderoso aliado para quien lo usa y lo aplica a su vida.

Los menos informados —o, como yo los llamo, los escépticos— no lo creen. Pero los grandes empresarios sí han reconocido el potencial de la PNL. Por esa razón, muchas compañías cuentan con asesores de programación neurolingüística para levantar el flujo económico de la empresa y entrenar a sus trabajadores, de manera que se vuelvan más optimistas y productivos.

> ☞ *Hoy decido entrenar mi mente y mis palabras como herramientas de poder, para que cada pensamiento y cada acción me acerquen a la victoria y no a la derrota.*

En contraste, muchos negocios que se han venido a pique lo hicieron porque jamás dieron uso a esta técnica. Y no es de extrañar: muchas empresas reclutan nuevos empleados, pero no los entrenan bajo esta visión. El resultado es que lo primero que se desarrolla entre los trabajadores es la queja y la negatividad, en lugar de una actitud positiva que impulse el crecimiento en cualquier área.

Un ejemplo sencillo lo encontramos en la vida cotidiana: llegas a una tienda, abarrotería o supermercado, y notas que la persona encargada de cobrar está más interesada en su llamada telefónica que en atender al cliente. Este tipo de situaciones se repite en todas partes; lo he visto en muchos países y hasta se refleja en memes de la actualidad. La raíz del problema es la misma: falta de interés en los maestros que deben enseñar desde casa, en los profesores que forman en las escuelas, y en los dueños de empresa que deberían entrenar a sus empleados en principios sólidos de actitud y comunicación.

Cierto día, mientras escuchaba una entrevista realizada a **Ricardo Salinas**, presidente de Grupo Salinas, una de las empresas más influyentes en Latinoamérica, me llamó la atención una pregunta que le hicieron sobre el uso de las palabras en su vida diaria. Su respuesta me impactó:

> ☞ *Hoy decido alinear mis pensamientos, mis palabras y mis escritos con la verdad de Dios, para que mi entorno cambie conforme yo cambio desde dentro.*

—Hay días en que dices: "Estoy jugando al cien, y hoy todo lo que haga me va a salir bien"... y te sale. Pero hay días en que empiezas a jugar mal, a hablarte mal a ti mismo: "Eres un idiota, mira nomás cómo fallaste en esto". Y, pues, todo lo que te digas se cumple.

El entrevistador le replicó:

—¿Eso también te pasa en el mundo de los negocios?

Ricardo Salinas respondió sin titubear:

—¡Uy, claro, por supuesto! Ese tema de la **programación neurolingüística** es súper importante. Mucha gente lo ha estudiado, enseñado y comentado, desde nuestro cuate Tony Robbins para acá. Pero antes de Tony Robbins hubo otros asesores nuestros durante mucho tiempo. Qué importante es tangibilizar la meta, el deseo o lo que quieras lograr: definirlo bien, decirlo y no dejarlo solo en la cabeza. No, no, no... ¡lo escribes!

El entrevistador insistió:

—¿Esto es algo que tú haces habitualmente?

Ricardo contestó con firmeza:

—Sí, claro que sí, porque yo leo mucho. Parte de mi rutina es subrayar los libros, hacer anotaciones y tengo un sistema donde registro mis notas para luego repasarlas. Así, lo que pienso lo escribo y lo voy interiorizando hasta hacerlo parte de mí.

Y concluyó con una frase que revela la esencia de este capítulo:

—Las cosas van a cambiar cuando las personas cambien su forma de pensar. Y en eso estamos trabajando: en la batalla cultural. Piensas diferente, hablas diferente, escribes diferente... y ya cambiaste. Y cuando tú cambias, cambian las cosas a tu alrededor.

Los empresarios conocen perfectamente esta técnica, mientras que la mayoría de las personas que solo tratan de sobrevivir ni siquiera toman en cuenta estos principios tan eficaces para la vida.

Pero ahora adentrémonos a analizar qué significa realmente la **PNL (programación neurolingüística)** y cómo la Biblia ya nos había enseñado este principio desde mucho antes.

La **Programación Neurolingüística** es un modelo de comunicación y cambio personal que explora la relación entre **neuro** (mente), **lingüística** (lenguaje) y **programación** (comportamiento aprendido). Su propósito es entender cómo pensamos, cómo nos comunicamos y cómo ·podemos transformar patrones de conducta no deseados.

• **Neuro:** hace referencia a los procesos mentales y la forma en que percibimos el mundo.

- **Lingüística:** se refiere al lenguaje, a cómo usamos las palabras y a cómo estas influyen en nuestro pensamiento.
- **Programación:** alude a los patrones de comportamiento que aprendemos y repetimos, como si fueran programas instalados en la mente.

El descubrimiento de este modelo se remonta a la década de los años 70. La PNL fue creada en California, Estados Unidos, por **Richard Bandler** (informático y psicólogo) y **John Grinder** (lingüista).

Maravillosamente, la PNL fue formalizada en los años setenta. Pero ahora hagamos una comparación: ¿en qué año fue escrito el pasaje de **Efesios 6:16**?

El versículo, como parte de la Epístola a los Efesios, fue escrito por el apóstol Pablo alrededor de los años 60-62 d.C., durante su primer encarcelamiento en Roma.

Ahora saca tus conclusiones: ¿qué es más antiguo? Por esta razón decidí fundamentar la temática central de este libro en el **Libro más vendido de la historia: la Biblia**. Claro está,

> *Hoy decido hablar con fe y entrenar mi mente para que mis palabras sean el escudo que apaga todo dardo del enemigo.*

respeto a quienes eligen basar sus enseñanzas en filósofos o filántropos reconocidos. Pero, en mi caso, decidí centrar este capítulo en **Efesios 6:16**, porque nos enseña, de manera práctica y espiritual, a usar lo que hoy conocemos como **programación neurolingüística**.

Y lo más hermoso es que este versículo declara que, con esta enseñanza, se puede apagar absolutamente todo:

✦ **Efesios 6:16 (Reina-Valera 1960)**

"Sobre todo, tomad el escudo de la fe, con que podáis apagar
***todos** los dardos de fuego del maligno."*

Eso, en esencia, es la verdadera PNL: la decisión consciente de cómo hablamos, cómo nos expresamos y cómo entrenamos nuestra mente según la fe. Claro, esto no lo hubiéramos comprendido con claridad si en los años 70 no se hubiera redescubierto la PNL como disciplina. Pero, mientras leía **Efesios 6:16**, descubrí la similitud, y hasta con mayor poder cuando se trata de hablar y declarar con fe.

El gran problema es que la mayoría de las personas no sabe cómo usar estos versículos. Por eso, a continuación, repasaremos juntos el pasaje completo de la **armadura de Dios**, para entender su fuerza en nuestro pensamiento y en nuestra boca:

✦ *"La armadura de Dios no es un adorno espiritual, es un lenguaje de poder para la batalla diaria."*

✦ **Efesios 6:10-18 (Reina-Valera 1960)**

► **La armadura de Dios**

Notemos cómo en el verso 10 el apóstol Pablo inicia presentándonos esta poderosa herramienta para nuestro día a día:

"Por lo demás, hermanos míos, fortaleceos en el Señor, y en el poder de su fuerza."

☞ Mira lo que declara en el verso 11:

"Vestíos de toda la armadura de Dios, para que podáis estar firmes contra las asechanzas del diablo."

Aquí Pablo aconseja que aproveches todas las herramientas que Dios te entrega en la Biblia. Y entre ellas, una de las más poderosas está en tu boca: la palabra. Recuerda que fuiste creado a imagen de Dios, conforme a Su gloria; por lo tanto, en tu boca hay poder.

La razón de esto es clara: nuestra lucha no es meramente terrenal. Como dice el verso 12:

"Porque no tenemos lucha contra sangre y carne, sino contra principados, contra potestades, contra los gobernadores de las tinieblas de este siglo, contra huestes espirituales de maldad en las regiones celestes."

☞ Por eso Pablo vuelve a reforzar en el verso 13:

"Por tanto, tomad toda la armadura de Dios, para que podáis resistir en el día malo, y habiendo acabado todo, estar firmes."

La clave está en darle uso real a las enseñanzas justas de Jesucristo. Eso te hace mucho más fuerte y te convierte en alguien imparable. Como añade el verso 14:

"Estad, pues, firmes, ceñidos vuestros lomos con la verdad, y vestidos con la coraza de justicia."

Pablo también recomienda que camines con el poder que te delega el evangelio, que significa *buenas nuevas*. Y las buenas nuevas no te atemorizan, no te debilitan ni te vuelven ruin; al contrario, complementan tus fuerzas. Verso 15:

"y calzados los pies con el apresto del evangelio de la paz."

Y aquí está el centro de este capítulo, el corazón de la enseñanza:

► *"Sobre todo, tomad el escudo de la fe, con que podáis apagar todos los dardos de fuego del maligno."* (Efesios 6:16)

> ☞ *Hoy decido usar la Palabra de Dios como el programa más poderoso para reescribir mi mente, hablar con fe y vivir con propósito.*

El apóstol reafirma que debemos tomar toda la Palabra de Dios como recurso para nuestro diario vivir. Y aunque es difícil encontrar soluciones e ideas que fortalezcan nuestra formación, entiendo que muchos no han tenido las mismas oportunidades de instruirse. Es precisamente por esta razón que escribo este libro: para formar "supernovas" de la vida, personas que brillen con intensidad y aprendan a pensar sagazmente.

► El verso 17 nos recuerda:

"Y tomad el yelmo de la salvación, y la espada del Espíritu, que es la palabra de Dios."

Finalmente, Pablo hace hincapié en la oración, pero también en la perseverancia y la súplica. La oración es hablar con Dios; por esa razón, si no cambias tu forma de hablar, simplemente no verás resultados en lo que anhelas. Como concluye el verso 18:

"orando en todo tiempo con toda oración y súplica en el Espíritu, y velando en ello con toda perseverancia y súplica por todos los santos."

A continuación, quiero dejarte la continuación del poder de **Efesios 6:16**, para que amplíes tu visión y le saques el máximo provecho al poder neurolingüístico que la misma Palabra de Dios ofrece. Este principio no es solo un recurso teórico; es una herramienta

> ☞ *Hoy decido vestirme de toda la armadura de Dios, usando la fe y la palabra como armas de victoria, para permanecer firme en todo tiempo.*

práctica para superar cualquier desafío de tu día a día.

Si estos principios han ayudado a empresarios y emprendedores a conquistar metas extraordinarias, ¿qué te hace pensar que no pueden funcionar también para ti? Si están en las **Sagradas Escrituras**, tienen un poder aún mayor que cualquier modelo humano.

Para mí, hasta este momento, la Biblia sigue siendo el **mejor modelo de comunicación** que existe. Es un legado que deja huella en todo aquel que desea un cambio personal y que se atreve a explorar la relación entre la mente (**neuro**), el lenguaje (**lingüística**) y los patrones de conducta aprendidos (**programación**).

Aplicar estos principios no solo te llevará a ver días mejores, sino que también te impulsará a cambiar los patrones de conducta no deseados que frenan tu crecimiento. Ese es el verdadero propósito de la fe: transformar tu interior para que tu exterior también cambie.

Capítulo 9

El impacto de Efesios 6:16

"La verdadera batalla no se libra con las manos, sino con la mente; y la victoria se alcanza tomando el escudo de la fe."

Entonces, ¿cómo puedo ejecutar correctamente Efesios 6:16 si no he entendido a profundidad y correctamente esta maravillosa herramienta?

Por años he escuchado a personas leer este versículo, pero muchos se limitan solo a leerlo, sin seguir el proceso que encierra. Dice así:

Efesios 6:16 (Reina-Valera 1960)
*"Sobre **todo**, tomad el escudo de la fe, con que podáis apagar todos los dardos de fuego del maligno."*

He ahí el detalle: la gente no sabe cómo tomar el escudo de la fe. En el mundo secular a esto le llaman PNL (programación neurolingüística), pero en la fe se le llama **escudo de la fe**.

Y aquí radica la falta de revelación: muchos no comprenden la magnitud de este texto. Incluso grandes líderes rara vez han tomado el tiempo de enseñar este principio. Aunque no quiero generalizar —sé que sí existen quienes lo hacen, pero son contados— lo cierto es que me alegra que hoy estemos aquí juntos, listos para profundizar en este maravilloso principio.

Para comprender este pasaje es necesario entender por qué el apóstol Pablo menciona que, "por encima de todo", debemos tomar el escudo de la fe. Para ello veamos de dónde surge esta enseñanza, a la luz de Hebreos 11:1:

Hebreos 11:1 (Reina-Valera 1960)
"Es, pues, la fe la certeza de lo que se espera, la convicción de lo que no se ve."

En lenguaje sencillo: la fe no es un deseo; es certeza. No es una simple idea; es convicción profunda de que lo que no ves ya está en camino.

En otras palabras: la fe es aquello que pides, aunque en la realidad física aún no lo veas, ya es una realidad. Por eso dice que es "certeza". El deseo anhela, pero la certeza posee.

Cuando Pablo menciona en Efesios 6:16 el escudo de la fe, notamos que no basta con desear, sino que se trata de un convencimiento real: aquello que pediste ya está en camino. Es más, ya lo visualizaste en tu mente como recibido.

El mundo lo llama "poder de la manifestación", "visualización" o incluso "ley de atracción". Pero la Biblia lo llama por su nombre: **fe**. Convencimiento profundo de que lo que no ves ya está en camino.

Ahora bien, tal vez digas: *"Pero lo que yo quiero saber es cómo usar Efesios 6:16."* Y es bueno que lo preguntes.

Si la fe es convencimiento de que lo que pediste ya es una realidad, entonces repasemos nuevamente lo que dice el pasaje: *"Sobre todo, tomad el escudo de la fe, con que podáis apagar todos los dardos de fuego del maligno."*

Los dardos del maligno son pensamientos negativos que llegan a tu mente, aunque no los veas. Son lo contrario a la fe: invisibles, pero destructivos.

Así como lo negativo no se ve, lo positivo tampoco. La diferencia está en qué decides creer y declarar. Usar Efesios 6:16 significa que, cuando llegan ataques o pensamientos negativos, debes contraatacarlos con palabras de fe.

Por ejemplo: si alguien llega y te dice: *"Nunca podrás salir adelante"*, tu respuesta debe ser: *"Todo lo puedo en Cristo que me fortalece"* (Filipenses 4:13). Eso es usar el escudo de la fe.

Eso le sucedió también a Jesús: Satanás se le acercó con palabras negativas, y Él respondió con Escritura.

Muchas veces no son personas las que hablan negativamente, sino tu propia mente. Llegan los pensamientos y de allí surgen los problemas. Supongamos que tienes deudas, y de pronto piensas: *"No sé cuándo voy a pagar esto."* Lo más probable es que tu mente se llene de negatividad. Allí es donde la mayoría falla: conoce el versículo, pero a la hora de la prueba no sabe cómo ejecutarlo porque ignora cómo funciona.

Recuerda: *"No tenemos lucha contra sangre y carne, sino contra principados, contra potestades, contra los gobernadores de las tinieblas de este siglo"* (Efesios 6:12). Por eso llegan pensamientos negativos, y también el enemigo usa personas para sembrar palabras de derrota en tu vida.

Cuando esa vocecita llegue, respóndele en voz alta con la Palabra. Declara con firmeza: aunque las probabilidades digan que no saldrás de las deudas fácilmente, **el favor de Dios está sobre tu vida**.

☞ Ejemplos de escudo para apagar los dardos del enemigo (Efesios 6:16)
➤ **Decláralas en voz alta cada día:**

Pregunta negativa del enemigo o de personas que se acercan a ti **cuando intentan apagar tu fe**: ¿Y si no lo logras?
Respuesta de fe: Con Cristo todo lo puedo, porque Él me fortalece (Filipenses 4:13).

Pregunta negativa del enemigo o de personas que se acercan a ti **cuando buscan debilitar tu confianza**: ¿Y si no tienes suficiente?
Respuesta de fe: Jehová es mi pastor; nada me faltará (Salmos 23:1).

Pregunta negativa del enemigo o de personas que se acercan a ti **cuando procuran robar tu ánimo**: ¿Y si nadie te apoya?

Respuesta de fe: Si Dios es por mí, ¿quién contra mí? (Romanos 8:31).

Pregunta negativa del enemigo o de personas que se acercan a ti **cuando se acercan para sembrar duda en tu corazón**: ¿Y si te rechazan otra vez?

Respuesta de fe: Soy aceptado en el Amado, escogido desde antes de la fundación del mundo (Efesios 1:4-6).

Pregunta negativa del enemigo o de personas que se acercan a ti **cuando tratan de quebrantar tu fortaleza interior**: ¿Y si vuelves a caer?

Respuesta de fe: Siete veces cae el justo, y vuelve a levantarse (Proverbios 24:16).

Pregunta negativa del enemigo o de personas que se acercan a ti **cuando intentan apagar tu fe**: ¿Y si se cierra esa puerta?

Respuesta de fe: El que abre y ninguno cierra está conmigo; sus puertas permanecen abiertas (Apocalipsis 3:7-8).

Pregunta negativa del enemigo o de personas que se acercan a ti **cuando buscan debilitar tu confianza**: ¿Y si no tienes fuerzas?

Respuesta de fe: El gozo de Jehová es mi fortaleza (Nehemías 8:10).

Pregunta negativa del enemigo o de personas que se acercan a ti **cuando procuran robar tu ánimo**: ¿Y si no eres suficiente?

Respuesta de fe: En Cristo soy más que vencedor (Romanos 8:37).

Es así de sencillo dar uso a Efesios 6:16. Lo triste de todo esto es que he visto a cientos de personas leerlo en la iglesia, o en medio de un problema. He visto cómo abren sus Biblias y leen: *"el escudo de la fe con que se pueden apagar todos los dardos de fuego del maligno"*. Pero con solo leerlo no pasará nada.

> ☞ *Con el escudo de la fe apago cada dardo de duda, miedo y mentira. No camino por lo que veo, camino por lo que creo. La Palabra de Dios es mi victoria, y ninguna arma forjada prosperará contra mí.*

Lo que realmente necesitas es **contraatacar las voces negativas con palabras positivas**. No importa de dónde vengan: cada pensamiento o palabra negativa debe recibir una respuesta inmediata con un pensamiento de fe, como los ejemplos que ya te compartí.

A continuación, quiero mostrarte cómo lo aplicaron muchos personajes bíblicos. Ellos le dieron uso al "escudo de la fe" mucho antes de que Pablo hiciera mención de este versículo en el Nuevo Testamento. Sus experiencias se convierten en herramientas prácticas para tu día a día.

Estos **versículos reveladores** son una hermosa evidencia que te permitirá combatir todo dardo lanzado contra ti, venga de donde venga: dardos mentales, emocionales, espirituales o circunstanciales.

Aquí te dejo una recopilación de hombres y mujeres de la Biblia que contraatacaron con fe, palabra y convicción justo en medio de ataques reales —visibles o invisibles—. Este testimonio vivo puede nutrir tu espíritu y ayudarte a bloquear todo tipo de argumentos contrarios a lo que Dios desea para nosotros desde el principio.

► Personajes bíblicos que levantaron el escudo de la fe (Efesios 6:16) antes de que Pablo lo enseñara

✦ 1. David – Escudo verbal contra la desesperación
Salmos 40:1-2

> "Pacientemente esperé a Jehová, y se inclinó a mí, y oyó mi clamor.
> Y me hizo sacar del pozo de la desesperación, del lodo cenagoso..."

► David no se quedó describiendo el pozo, **declaró su salida mientras aún estaba dentro.**

☞ *Escudo activado:* Fe en medio del lodo → Dios me *hará salir.*
Salmo 23:1

> "Jehová es mi pastor; nada me faltará."

► En lugar de enfocarse en la escasez, **profetizó suficiencia en el presente.**

✦ 2. Abraham – Contra la lógica y el tiempo
Romanos 4:18-20

"Él creyó en esperanza contra esperanza...
No se debilitó en la fe al considerar su cuerpo
ya muerto..."

➤ Aunque los "dardos" eran: edad, esterilidad, años de espera...

☞ Abraham no negó la realidad, **la enfrentó con promesa**.
Génesis 22:5

"Iremos, adoraremos y volveremos..."

➤ Mientras subía al altar con su hijo para sacrificarlo, **confesó su fe en el regreso**.

✦ 3. Ana – Contra el desprecio y la amargura
1 Samuel 1:10

"Con amargura de alma oró a Jehová, y lloró abundantemente..."

1 Samuel 1:18

"Y se fue por su camino, y no estuvo más triste."

→ El dardo era: esterilidad, burla, frustración...
➤ El escudo fue: **una oración valiente + cambio de actitud antes de ver el milagro**.

✦ 4. Eliseo – Contra la escasez de la viuda
2 Reyes 4:2

"¿Qué tienes en casa?"

→ El dardo era deuda + riesgo de perder a sus hijos.
➤ El escudo: **usar con fe lo que tenía, no lamentarse por lo que faltaba.**

✦ 5. Jesús – Contra la tentación en el desierto
Mateo 4:4

"Escrito está: No sólo de pan vivirá el hombre..."

☞ Los dardos de Satanás fueron dudas, atajos, manipulación de la Palabra.

→ Jesús **resistió declarando la Palabra precisa y sin entrar en diálogo emocional.**

✦ 6. Nehemías – Contra el ataque emocional, intimidación y burla
Nehemías 6:9

"Porque todos ellos nos amedrentaban...
Ahora pues, oh Dios, fortalece mis manos."

➤ Los dardos: miedo, presión política, falsas amenazas.
→ El escudo: **oración directa, enfoque, y no dejar de construir.**

✦ 7. Pablo y Silas – Contra el encierro físico y espiritual
Hechos 16:25

"Pero a medianoche, orando Pablo y Silas, cantaban himnos a Dios…"

→ Dardos: dolor, cárcel, injusticia, oscuridad literal.

➤ Escudo: **adoración activa en medio de la prisión. Resultado: terremoto + liberación.**

Hay más ejemplos por mencionar, pero con estos es más que suficiente. Ahora es el momento de que cambies tu manera de hablar y proclames el poder que, por diseño divino, está en tu boca. Recuerda que fuiste creado a la imagen de Él, conforme al resplandor de Dios.

El escudo de la fe no solo es defensa; es también una forma de hablar, de adorar, de actuar, de recordar y de declarar… aun mientras los dardos siguen volando.

Pero esto no funciona únicamente en los problemas; también opera para que tengas una mejor vida. El rejuvenecimiento, un mejor trabajo, más energía… todo esto también se activa con tus palabras. Por eso la PNL puede parecer maravillosa, pero mucho más glorioso es entender Efesios 6:16.

Porque, de una u otra forma, cuando los años pasan y por hábitos generacionales que uno adopta subconscientemente, sin darse cuenta, la gente empieza a repetir frases como: *"ya estoy viejo, ya no tengo fuerza, ya no puedo más"*, entre otras expresiones de menosprecio. Y no logran ver que esas palabras negativas que salen de su boca son las que los atan.

Aquí también quiero dejarte evidencia de que los apóstoles y discípulos comprendían esto perfectamente. Desde Salomón hasta otros grandes personajes del Antiguo Testamento, todos sabían que la lengua podía ser usada como espada o como escudo, y que la fe hablada tiene poder para edificar o destruir.

> ☞ *Con el escudo de la fe apago cada dardo de duda, miedo y mentira. No camino por lo que veo, camino por lo que creo. La Palabra de Dios es mi victoria, y ninguna arma forjada prosperará contra mí.*

Por ejemplo, muchas veces, cuando las cosas no han salido como hubiéramos querido, lo primero que hacemos es renegar, diciendo: *"¿Ya para qué?"*. Con ello cambiamos la gloria de Dios que Él ha puesto en nosotros por defecto, soltando palabras que solo conducen al mal.

Palabras que rejuvenecen: el ejemplo de Caleb

Me encanta la historia de Caleb, porque, a pesar de que ya estaba viejo, él no pensó de esa manera. La razón es clara: quien descubre esta virtud entiende que, entre más aprendemos a hablar correctamente, mejor nos sentimos en salud, porque declaramos vida sobre nuestro cuerpo. Veamos este relato más de cerca:

Josué 14:10-12 (Reina-Valera 1960)

10 Ahora bien, Jehová me ha hecho vivir, como él dijo, estos cuarenta y cinco años, desde el tiempo que Jehová habló estas

☞ *Hoy decido hablar como Caleb: no conforme a mis años ni a mis circunstancias, sino conforme a la fuerza y a las promesas de Dios. Declaro que mi boca proclama vida, mi fe me fortalece y mi herencia aún está por conquistarse.*

palabras a Moisés, cuando Israel andaba por el desierto; y ahora, he aquí, hoy soy de edad de ochenta y cinco años.

11 Todavía estoy tan fuerte como el día que Moisés me envió; cual era mi fuerza entonces, tal es ahora mi fuerza para la guerra, y para salir y para entrar.

12 Dame, pues, ahora este monte, del cual habló Jehová aquel día; porque tú oíste en aquel día que los anaceos están allí, y que hay ciudades grandes y fortificadas. Quizá Jehová estará conmigo, y los echaré, como Jehová ha dicho.

¡Wow! Eso es calidad de palabras. Así es como debemos hablar. Observa que Caleb, con ochenta y cinco años, no menciona en ningún momento que ya era viejo; al contrario, exalta las virtudes que aún tenía.

Y no era que estuviera en un parque disfrutando de la vida sin preocupaciones; no, estaba frente a un batallón de gigantes. Aun así, creyó que Dios podía entregarle quizá la última batalla de su vida.

Porque los **Anaceos** —también conocidos como *Anakim*— eran un pueblo de gigantes que vivieron en la tierra de Canaán, descendientes de Anac. Pero eso no le importó a Caleb. Continuó con sus conquistas, hasta alcanzar la ciudad del conocimiento, la ciudad del libro.

Él sabía los principios del poder de las palabras. Y esto no era solo para él; es también para ti bien, para que te vaya bien en tu vida.

Mira lo que dice este Salmo, donde se muestra claramente el uso y el poder de las palabras:

Salmos 34:12-15 (Reina-Valera 1960)
12 ¿Quién es el hombre que desea vida,
Que desea muchos días para ver el bien?
13 Guarda tu lengua del mal,
Y tus labios de hablar engaño.
14 Apártate del mal, y haz el bien;
Busca la paz, y síguela.
15 Los ojos de Jehová están sobre los justos,
Y atentos sus oídos al clamor de ellos.

Este consejo lo sigue también el proverbista Salomón. Qué importante es tomar en cuenta esta enseñanza para que nos vaya bien: en la salud, como medicina, y en nuestra labor diaria.

Proverbios 13:2 (Reina-Valera 1960)
Del fruto de su boca el hombre comerá el bien; Mas el alma de los prevaricadores hallará el mal.

✦ *Nota que el alma de los prevaricadores son los que pervierten e incita a alguien a faltar a las obligaciones de su oficio o religión. en sus bocas solo hay ruindades.*

Proverbios 18:20 (Reina-Valera 1960)
Del fruto de la boca del hombre llenará su vientre; Se saciará del producto de sus labios.

Proverbios 21:23 (Reina-Valera 1960)
El que guarda su boca y su lengua, su alma guarda de angustias.

Proverbios 16:24 (Reina-Valera 1960)
Panal de miel son los dichos suaves; suavidad al alma y medicina para los huesos.

Proverbios 15:4 (Reina-Valera 1960)
La lengua apacible es árbol de vida; Mas la perversidad de ella es quebrantamiento de espíritu.

Claro, esto ya estaba escrito en el Antiguo Testamento. Pero mientras crecía en conocimiento acerca de este tema, me di cuenta de que también el apóstol Pedro hace mención de estos maravillosos ejemplos de cuidar nuestra forma de hablar. Y la verdad, es sorprendente:

1 Pedro 3:10 (Reina-Valera 1960)
Porque: El que quiere amar la vida,
Y ver días buenos, Refrene su lengua de mal,
Y sus labios no hablen engaño.

Todo lo bueno que desees está en tu boca. No lo olvides: eres hecho y formado a semejanza del Creador. Por defecto ya brillas por ti mismo; solo tienes que cambiar tu forma de hablar y listo.

☞ Mira además lo que dice este pasaje:

Proverbios 12:14 (Reina-Valera 1960)
El hombre será saciado de bien del fruto de su boca; Y le será pagado según la obra de sus manos.

Eres saciado según lo que declares con tu boca. No hay pérdida en esto. Por eso te he dejado todas estas herramientas: para que veas el potencial y el poder que hay en la palabra hablada. Úsalo para buscar tu salud, para contraatacar los pensamientos negativos y también para bendecir tu trabajo.

No te fijes en la circunstancia: cree y abre caminos en todo lo que emprendas. Quiero dejarte también este versículo y 5 decretos que te ayudará a bendecir tu trabajo o emprendimiento:

Proverbios 14:23 (Reina-Valera 1960)
En toda labor hay fruto;
Mas las vanas palabras de los labios empobrecen.

➤ *Decretos de trabajo y propósito – Basados en Proverbios 14:23*

✦ *DECRETO 1*
Declaro que todo lo que hago hoy con fe, dará fruto.
Mi trabajo no es en vano. Dios bendice la obra de mis manos.
✦ *DECRETO 2*
Cada acción que tomo hoy me acerca al propósito que Dios diseñó para mí.
Nada es pequeño si está hecho con diligencia y visión.
✦ *DECRETO 3*
Rechazo la pereza, la distracción y las palabras vacías.
Hoy me alineo con resultados, no con excusas.
✦ *DECRETO 4*

Declaro que soy un sembrador del Reino.

Mis ideas, mis proyectos, mi trabajo... todo está bajo la unción de multiplicación.

✦ *DECRETO 5*

Lo que Dios me dio para hacer, lo haré con excelencia.

No trabajo por presión, trabajo con propósito.

Para explicarlo más: ya en capítulos anteriores sobre el poder neurolingüístico te hablé de esto. Todos desean, todos anhelan, todos buscan, pero las vanas palabras que salen de sus bocas impiden que prospere su camino. Salomón lo expresa con certeza: *en toda labor hay fruto.* Entonces, ¿dónde está el problema? Sencillamente, en la boca.

Esto es lo que a muchos predicadores les cuesta entender a la hora de enseñar. El mismo Pablo lo recomienda en Efesios:

Efesios 4:29 (Reina-Valera 1960)

Ninguna palabra corrompida salga de vuestra boca, sino la que sea buena para la necesaria edificación, a fin de dar gracia a los oyentes.

La respuesta está en tu boca: **el secreto está en tu misma casa.**

Recuerda que cada pensamiento es una semilla. Y no hay cosecha sin sembrar una semilla de fe.

¿Y qué más decirte? Quiero cerrar este hermoso capítulo sobre *El impacto de Efesios 6:16* con una reflexión especial.

Podría dedicar un libro entero de poemas para la mujer, pero quiero resumirlo en este pequeño detalle.

Uno de los casos más sorprendentes que he visto en el uso de las palabras, dentro de la vida matrimonial o de pareja, es el desconocimiento total de este tema neurolingüístico, o PNL, como algunos lo llaman, o bien, el poder de Efesios 6:16. Si todos conocieran este principio, habría más parejas felices, matrimonios en armonía y familias enteras edificadas sobre la paz.

El hombre como imagen y gloria de Dios

A lo largo de mis veinte años de matrimonio, me he dado cuenta de la falta de empatía en la familia, causada por ignorar estos hermosos principios: que fuimos creados por excelencia, bajo el diseño divino. Observa la narrativa del apóstol Pablo y cómo expone al hombre delante de Dios:

1 Corintios 11:7 (Reina-Valera 1960)
*Porque el varón no debe cubrirse la cabeza, **pues él es imagen y gloria de Dios**; pero la mujer es gloria del varón.*

Notastes en que posición queda la mujer. Este texto, muchas veces, se malinterpreta. En la mayoría de los casos genera confusión porque parece marcar una diferencia muy fuerte entre el hombre y la mujer. Algunos lo han utilizado para justificar dominio sobre la mujer, sin entender el verdadero principio que contiene.

Por eso quiero explicarlo en lenguaje sencillo, y luego lo parafrasearemos para comprenderlo mejor. El objetivo es quitar esa mala definición que reduce el pasaje a una supuesta autorización para ejercer autoridad desmedida sobre la mujer.

> ☞ *Hoy declaro que mi boca será fuente de vida y no de ruina. Hablaré palabras que edifiquen, que bendigan y que abran caminos de salud, prosperidad y paz. Mis pensamientos son semillas de fe, y mis labios confirman la cosecha de victoria que Dios ya preparó para mí.*

Veámoslo en un contexto sencillo: Pablo está hablando de lo mismo que te he venido enseñando sobre la imagen que cargas. Como hombre, fuiste creado bajo el brillo de Dios. Ese es el orden y propósito correcto en la creación. No se trata de superioridad ni de inferioridad, sino de reconocer la identidad y el valor que cada uno posee en el plan divino.

Entonces hagamos una observación: la Biblia dice que el hombre es imagen y gloria de Dios porque, según el relato de Génesis, fue creada directamente del polvo y recibió aliento de vida de parte de Dios. Su existencia apunta directamente al Creador.

En cambio, observa que la mujer es gloria del varón porque, según la Escritura, fue formada de la costilla de Adán. Es decir, ella refleja la gloria del hombre en el sentido de que salió de él y fue creada como complemento perfecto.

(Abro un paréntesis: si por alguna razón has perdido a tu esposa, has tenido conflictos con tu familia o tus hijos, y ahora estás con alguien más, este es el momento para aprender de este principio y no volver a cometer los mismos errores).

Esto no significa que la mujer no sea imagen de Dios, porque **Génesis 1:27** lo declara claramente: *"Varón y hembra los creó a imagen de Dios."* Lo que Pablo está subrayando aquí es el orden en la creación:

- Dios creó al hombre.
- Del hombre formó a la mujer.

Si lo parafraseamos en lenguaje actual y sencillo, quedaría así:

"El hombre refleja directamente la imagen y la gloria de Dios, porque fue creado primero de manera directa por Él. La mujer, en cambio, refleja la gloria del hombre, porque fue formada a partir de él como su ayuda y complemento."

☞ *Hoy decido honrar la gloria de Dios reflejada en mi vida y en mi familia. Mis palabras edificarán, no destruirán. Hablaré con fe, amor y respeto, recordando que fui creado para brillar con la imagen de Dios y para caminar en armonía con quienes amo.*

✦ Idea clave

Ambos —hombre y mujer— llevan la imagen de Dios. Lo que Pablo resalta aquí es el orden y la interdependencia en la creación, no un asunto de superioridad o inferioridad.

La mujer refleja la gloria del varón porque fue creada de él y para él, pero eso no le quita que también lleve en sí la gloria de Dios.

Y aquí está lo hermoso que todo varón debería comprender. Hagamos una analogía sencilla: **el sol refleja la luz directamente**, y la luna refleja la luz del sol. La luna no deja de brillar ni de ser importante, pero su brillo depende de la luz que recibe del sol.

De la misma manera, el hombre refleja directamente la gloria de Dios, y la mujer refleja la gloria del hombre porque de él salió. Esto quiere decir que si tú, como esposo o varón, brillas, tu mujer también brillará.

Piensa en una flor en un jardín: si no recibe agua, se marchita. Así mismo, tu mujer se mantendrá resplandeciente según sea tu brillo como varón. Si como hombre vives desvalorizándote y no conoces estos principios, no esperes que tu mujer brille; porque si no pones el ejemplo, ella terminará apagándose.

Por esa razón Pablo menciona esta verdad como una maravilla de Dios: tu mujer es parte de la gloria que Él puso en ti. Según la contagies con tu brillo, tu mujer reflejará lo que hay en tu boca y en tu vida.

Proverbios 11:16 (Reina-Valera 1960)
La mujer agraciada tendrá honra, Y los fuertes tendrán riquezas.

Cuando descubras lo maravilloso del poder de las palabras, verás a tu mujer como este versículo lo declara:

Salmos 128:3 (Reina-Valera 1960)
Tu mujer será como vid que lleva fruto a los lados de tu casa;
Tus hijos como plantas de olivo alrededor de tu mesa.

Finalmente, quiero dejarte con este versículo para que lo uses como una poderosa herramienta para proclamar juventud en tu vida. Mucha gente lo menciona, pero pocos se detienen a analizar este maravilloso principio:

Salmos 103:5 (Reina-Valera 1960)
El que sacia de bien tu boca,
De modo que te rejuvenezcas como el águila.

Nota cómo lo expresa: primero dice *"el que sacia de bien tu boca"*. Eso es exactamente lo que hemos estado tratando en este capítulo. Todo comienza en la boca. Cuando entiendes que Él sacia de bien tu boca y cambias tu forma de hablar, tus palabras se convierten en el instrumento que define cómo te ves y cómo vives.

Así lo entendió Caleb: en su boca no hubo la frase *"ya soy viejo"*, sino que declaró: *"Todavía estoy tan fuerte como el día que Moisés me envió"* (Josué 14:11). Eso es lo que había en su boca.

Y el versículo concluye diciendo: *"De modo que te rejuvenezcas como el águila."* Nota que no dice: *"Así te rejuveneceré Yo"*. No, Dios ya puso herramientas de bien en tu boca. En otras palabras, Él te dio libre albedrío, y te corresponde a ti darles buen uso: es necesario declararlas en tu vida para proclamar juventud, salud y bienestar en todas las áreas de tu existencia.

Si usas bien tus palabras, ellas mismas te mantendrán lleno de vigor.

El salmista utiliza la analogía del águila porque, en su creación, este majestuoso animal tiene la capacidad de renovarse por sí mismo. El águila se renueva anualmente al perder y reemplazar sus plumas durante la muda. Su pico y sus garras no se arrancan de manera violenta, sino que se desgastan con el uso y, de manera natural, son sustituidos por otros nuevos.

Por eso el salmista emplea esta figura: es una parábola que inspira al cambio personal y a la renovación, especialmente en el ámbito espiritual y en el crecimiento interior.

Pero atención: no basta solo con leerlo. En nuestro caso, la clave está en el **bien que hay en nuestra boca**. Eso es lo que nos renueva o lo que nos destruye. No es suficiente con pensarlo; así como el águila no se queda esperando el cambio, sino que lo busca activamente, también nosotros debemos provocar un impacto significativo al usar correctamente las palabras que salen de nuestra boca.

> ☞ *Hoy decido honrar a mi esposa y a mi familia con palabras de vida.*
> *Declaro que mi boca será fuente de honra, mi hogar dará fruto y el brillo de Dios en mí se reflejará en quienes amo.*

Cuando el bien llena tu boca, la renovación llega a tu vida. Así permanecerás siempre joven en espíritu, con fuerza renovada y con un brillo que testifica del poder de Dios en ti.

☞ Y aquí quiero abrir un paréntesis muy práctico: tus palabras no solo definen tu fuerza y tu salud, también tienen el poder de hacer brillar o marchitar a tu esposa y a tu familia.

Por eso, aquí te dejo **tres ejemplos de decretos** que puedes usar cada día para tratar bien a tu mujer, para que florezca como Dios la diseñó:

— *Hoy declaro que mi esposa es corona de honra, y mis palabras la vestirán de alegría y confianza.*

— *Hoy proclamo que mi mujer es como jardín regado, y mi boca será como agua fresca que le devuelve vida.*

— *Hoy confieso que mi esposa es reflejo de la gloria que Dios puso en mí, y al honrarla con palabras de amor, ambos brillaremos con su luz.*

Jesús también lo ejemplificó. Siempre buscó poner palabras de fe en la boca de quienes sanaba. Y al final les decía: *"tu fe te ha salvado"*. En otras palabras: "usaste bien la certeza de lo que no veías, pero te visualizaste sano, y ahora disfrutas lo que declaraste."

☞ *Hoy declaro que mi boca está saciada de bien. Mis palabras son medicina, mi fe es fortaleza y mi espíritu se renueva cada día. Proclamo que me rejuvenezco como el águila, y mi vida es prolongada con energía, salud y propósito.*

Si, en cambio, te ves dudando y hablando negativamente, ¿cómo esperas escuchar de Dios: *"tu fe te ha salvado"*?

Capítulo 10

El síndrome del impostor

✦ *"Hay quienes, aun después de alcanzar logros extraordinarios, se sienten incapaces e indignos, como si todo fuera producto de la suerte y no de su esfuerzo. Ese complejo tiene un nombre: el síndrome del impostor."*

Después de haber analizado extraordinarias herramientas para el beneficio personal en la automotivación diaria, no es de extrañar que haya más de alguno que se sienta inmerecedor de todos los beneficios expuestos en esta maravillosa obra que Dios me ha permitido compartir con cada uno de ustedes.

Pero descuida, para eso estamos aquí: para ayudarte y tomarte de la mano paso a paso, para que no te sientas solo —o sola— en esta trayectoria. Tal vez pienses que no mereces estos cambios, o quizá te cuesta creer que, con solo transformar tus palabras, puedas desatar un poder tan grande, escondido en algo aparentemente sencillo pero de profunda relevancia.

En la ciencia moderna a eso se le llama **síndrome del impostor**. Y quiero decirte que también en la Biblia encontramos personajes que enfrentaron este mismo complejo. Antes de verlos, definamos primero qué es y cuáles son sus efectos en la población mundial.

Síndrome del impostor: Definición

El síndrome del impostor es un fenómeno psicológico en el que las personas, a pesar de tener logros objetivos, dudan de sus capacidades y sienten que no merecen su éxito. Se caracteriza por la creencia de que son un fraude y que, eventualmente, serán descubiertos, a pesar de las evidencias en contrario.

Esto se agrava con los abusos lucrativos de personas sin principios, que siembran ideas negativas en otros. Así, aun cuando alguien hace las cosas bien —en negocios, talentos o dones que desarrolla— puede sentirse indigno de lo que profundamente anhela iniciar.

Este síndrome fue identificado en 1978 por las psicólogas Pauline Clance y Suzanne Imes, en un estudio titulado *"The Impostor Phenomenon in High Achieving Women"*.

✦ Lamentablemente, más del **70% de la población mundial** experimenta este complejo en algún momento de su vida.

✦ No se considera un trastorno clínico, pero afecta el bienestar emocional y el rendimiento profesional.

¿Por qué ocurre?

Su origen es multifactorial, influenciado por factores biológicos, psicológicos y sociales. Las comparaciones en la infancia, el tipo de personalidad y la percepción distorsionada del éxito también pueden contribuir.

¿Cómo se manifiesta?

- **Perfeccionistas:** Se imponen expectativas muy altas y se sienten fracasados si no las cumplen.
- **Expertos:** Buscan continuamente más capacitación para sentirse competentes.
- **Genios naturales:** Creen que, si algo les costó esfuerzo, no son buenos en ello.
- **Individualistas:** Piensan que deben hacerlo todo sin ayuda.
- **Superhumanos:** Sienten la necesidad de rendir al máximo en todas las áreas de su vida para ser aceptados.

¿Qué hacer si lo padeces?

- **Comparte tus sentimientos:** Hablar con otros te hará ver que no estás solo.
- **Sé compasivo contigo mismo:** Reconoce tus fortalezas y practica la autocompasión.
- **Acepta la imperfección:** Nadie es perfecto.
- **Cambia tu perspectiva:** Reinterpreta logros y experiencias.

- **Busca ayuda profesional:** Si interfiere en tu vida personal o laboral, un especialista puede apoyarte.

Una salida espiritual

Esta es la recomendación de los profesionales. Pero, en lo personal, te digo: **entrégale a Dios estos complejos**. Él puede ayudarte a salir de esas limitaciones que detienen a tantos aspirantes de dar el paso hacia su propósito.

> ☞ *Hoy decido soltar todo complejo de inferioridad y declarar que soy digno de recibir los dones, talentos y oportunidades que Dios me ha entregado.*

Te lo confieso con sinceridad: yo fui muy, pero muy tímido desde mi niñez. Hasta los quince años sufrí por ello. Me escondía detrás de la puerta cuando llegaban visitas a la casa de mis padres, y los eventos familiares eran para mí una pesadilla. Oraba a Dios con lágrimas para que me ayudara. Y Él lo hizo.

Recuerdo que, cuando uno atraviesa ciertas situaciones en medio de la tensión, es como si todo lo malo se confabulara para hacerte tropezar. Botas un vaso, se te riega el chocolate, un insecto cae en tu comida, pisas al gato, o hasta tu pantalón se engancha en el clavo de·una silla. Parece que el mundo entero se pone en tu contra.

Pero lo cierto es que Dios es bueno para sacarte de cualquier situación. Y lo más importante: ese complejo ya existía mucho antes de ser descubierto por la psicología moderna. La Biblia registra hombres que también se sintieron incapaces de cumplir lo que Dios les pedía hacer.

Aunque algunos comentan que el síndrome del impostor no se puede superar, en lo personal pienso que sí. El síndrome del impostor **sí se puede vencer**, especialmente desde una perspectiva bíblica y espiritual.

Aunque la Biblia no menciona literalmente "síndrome del impostor", sí aborda temas como la inseguridad, el miedo, la comparación, la autoimagen distorsionada y la incapacidad de aceptar el llamado o propósito de Dios. Todos estos son síntomas que lo componen.

Pero mejor veamos estos ejemplos de cómo la Palabra responde, y cómo también nos muestra que **sí hay victoria**. Porque en esta tierra no existe un destino fijo que no se pueda superar con la ayuda de Dios.

✦ Primero: la idea de que "no se puede superar" no es bíblica

2 Corintios 10:4-5 (RVR1960)

"Porque las armas de nuestra milicia no son carnales, sino poderosas en Dios para la destrucción de fortalezas, derribando argumentos y toda altivez que se levanta contra el conocimiento

> ☞ *Hoy decido derribar todo argumento mental de inferioridad y declarar que mi verdadera identidad está en Cristo, y en Él soy suficiente.*

de Dios, y llevando cautivo todo pensamiento a la obediencia a Cristo."

► **Aplicación:** El síndrome del impostor es un argumento mental que se levanta contra tu verdadera identidad en Cristo. Pero puedes derribarlo llevando tus pensamientos cautivos a la verdad de Dios.

Ejemplos del síndrome del impostor en la Biblia

A continuación, veremos algunos **ejemplos bíblicos de personas que lucharon con el "síndrome del impostor" y lo superaron**, convirtiéndose en testimonio de que con Dios es posible vencer cualquier complejo interno.

1. **Moisés – Se sintió incapaz de hablar.**
"¿Quién soy yo para que vaya a Faraón?" (Éxodo 3:11)
Dios le responde: *"Ve, porque yo estaré contigo"* (Éxodo 3:12).

2. **Gedeón – Se sentía el menor e indigno.**
"¿Con qué salvaré yo a Israel? He aquí que mi familia es pobre... y yo el menor en la casa de mi padre" (Jueces 6:15)
Dios le dice: *"Ve con esta tu fuerza... ¿No te envío yo?"* (Jueces 6:14).

3. **Jeremías – Se sentía muy joven para hablar.**
"¡Ah, Señor Jehová! He aquí, no sé hablar, porque soy niño" (Jeremías 1:6)
Dios le dice: *"No digas: soy un niño... porque estaré contigo"* (Jeremías 1:7-8).

✦ **Todos ellos sintieron lo que hoy llamaríamos "síndrome del impostor"... pero fueron transformados por la Palabra y el llamado de Dios.**

Aunque existen otras historias menos conocidas, estas son las más claras y evidentes en cuanto a inseguridad.

✦ **Versículos clave para vencer el síndrome del impostor**

1. **Efesios 2:10**
"Porque somos hechura suya, creados en Cristo Jesús para buenas obras, las cuales Dios preparó de antemano para que anduviésemos en ellas."
→ No eres un error ni un accidente. ¡Fuiste diseñado con propósito!

2. **Filipenses 1:6**
"El que comenzó en vosotros la buena obra, la perfeccionará hasta el día de Jesucristo."
→ No depende de tu perfección, sino de la fidelidad de Dios.

3. **Romanos 8:15**

"Pues no habéis recibido el espíritu de esclavitud para estar otra vez en temor, sino el Espíritu de adopción..."

→ No tienes que vivir como esclavo del temor o de la duda de ti mismo.

4. **1 Corintios 1:26-29**

"Lo necio del mundo escogió Dios, para avergonzar a los sabios..."

→ Dios **escoge lo que el mundo desprecia**, para que la gloria sea de Él.

✦ ¿Entonces Hay patrones terrenales que no se puedan superar?

Humanamente, sí: algunas heridas, traumas, o repeticiones familiares son difíciles de romper. **Pero en Cristo no hay imposibles.** Jesús dijo:

Juan 8:36

"Así que, si el Hijo os libertare, seréis verdaderamente libres."

Incluso lo que parece imposible en generaciones, Dios puede romperlo en ti.

✦ Conclusión clara

El síndrome del impostor **sí se puede superar** si renovamos la mente con la Palabra, abrazamos nuestra identidad en Cristo y dejamos que Él haga Su obra a través de nosotros.

Si después de haber leído estas líneas descubres que parte de este patrón se manifiesta en tu vida, hoy quiero dejarte una **declaración personal de fe**, basada en los versículos anteriores. Está diseñada para ayudarte a **renovar tu mente y superar el síndrome del impostor con autoridad espiritual y verdad bíblica.**

✦ Declaración de fe para vencer el síndrome del impostor

☞ **Hoy declaro con fe y convicción:**

1. **Soy creación de Dios**, diseñado con propósito y valor.
"Porque soy hechura suya, creado en Cristo Jesús para buenas obras, las cuales Él preparó para mí" (Efesios 2:10).

2. **No soy un error, ni un fraude.**
El Señor me llamó, me escogió y me capacita.
  Como Moisés, como Gedeón, como Jeremías, Dios me dice hoy:
"No temas... porque Yo estoy contigo" (Jeremías 1:8).

3. **Rechazo todo pensamiento que diga que no soy suficiente.**
Derribo argumentos y llevo cautivo todo pensamiento a la obediencia a Cristo (2 Corintios 10:5).
Yo pienso lo que Dios piensa de mí.

4. **No camino en temor, sino en identidad.**
"No he recibido un espíritu de esclavitud para temer, sino el Espíritu de adopción que me hace hijo de Dios"(Romanos 8:15).

5. **Dios perfeccionará Su obra en mí.**

No necesito ser perfecto, porque *"el que comenzó la buena obra en mí la perfeccionará"* (Filipenses 1:6).

6. **No dependo de mi talento humano, sino del poder de Dios.**

"Lo débil del mundo escogió Dios para avergonzar lo fuerte..." (1 Corintios 1:27).

Mi debilidad no es un obstáculo, es una oportunidad para Su gloria.

7. **Jesús me ha hecho verdaderamente libre.**

"Si el Hijo me libertó, soy verdaderamente libre" (Juan 8:36).

Libre del temor, la comparación, la inseguridad y la duda.

✦ **Oración de cierre**

Si has hecho estas declaraciones o decides usarlas a diario, también quiero dejarte esta maravillosa oración con una potente declaración:

☞ *Hoy decido soltar el síndrome del impostor, y me afirmo en la verdad de que en Cristo soy suficiente, llamado y enviado para cumplir mi propósito eterno.*

Oración corta basada en la declaración

Señor Jesús, gracias porque Tú no me ves como el mundo me ve. Tú me formaste, me llamaste y me diste propósito. Ayúdame a creer lo que Tú dices de mí, y no lo que mi mente teme ni lo que el enemigo susurra.

Hoy renuncio al síndrome del impostor y me alineo con Tu verdad. En Ti soy más que vencedor. Amén

Capítulo 11

La escalera de Dios: el acceso a los cielos abiertos

✧ *Hay momentos en que parece que el cielo está cerrado y nuestras oraciones no avanzan. Pero Jesús declaró: "De aquí adelante veréis el cielo abierto". Esa promesa también es para ti y para mí. Así como Jacob vio la escalera que unía el cielo con la tierra, hoy tenemos acceso a esos cielos abiertos por medio de Cristo.*

Estoy muy contento de haber llegado hasta aquí contigo. Mi deseo es que cada capítulo anterior haya sido de utilidad para tu vida, no solo en conocimiento, sino también en despertar una convicción más profunda. Porque desde un principio este conocimiento siempre ha estado allí; el verdadero problema ha sido la falta de tiempo, o quizás la falta de disposición en cada corazón para seguir aprendiendo más.

El mismo apóstol Pablo dejó escrito que a todo aquel que cree en el Hijo se le da la gracia de conocer los misterios de Dios. Su intención siempre fue que las personas tuvieran herramientas espirituales para continuar luchando en esta maravillosa vida, que, aunque está llena de obstáculos y desafíos, sigue siendo hermosa… y aún más, nos prepara para el siglo venidero: la vida eterna.

Gracias a las cartas del apóstol Pablo hoy podemos ampliar nuestro conocimiento en Cristo Jesús, entendiendo que desde el principio Él estuvo presente en el plan de Dios. Así lo declara el mismo Pablo:

Colosenses 1:26-27 (Reina-Valera 1960)
"El misterio que había estado oculto desde los siglos y edades, pero que ahora ha sido manifestado a sus santos, a quienes Dios quiso dar a conocer las riquezas de la gloria de este misterio entre los gentiles; que es Cristo en vosotros, la esperanza de gloria."

☞ *Hoy decido vivir bajo la revelación de Cristo y caminar en cielos abiertos. Declaro que cada paso en mi vida será guiado por su luz; renuncio a la duda y al temor, y recibo la esperanza de gloria que es Cristo en mí.*

El Pablo apóstol nos recuerda que, aunque los obstáculos de la vida hacen que nuestro hombre exterior —el cuerpo físico— se desgaste, no debemos fijar nuestra atención en ello. Muchas personas malinterpretan este pasaje y creen que se trata de rechazar toda bendición terrestre.

Sin embargo, Pablo no está hablando de despreciar la familia, el trabajo, la salud o los recursos que Dios nos da, pues sabemos que todo eso se queda aquí. Lo que enseña es que no vivamos aferrados a lo temporal, porque lo esencial está en lo eterno.

El problema surge cuando, al no comprender el contexto, muchos cambian la interpretación correcta y terminan menospreciando lo que Dios ha entregado. La vida demanda esfuerzos: nos desgastamos trabajando, luchando por salir adelante, invirtiendo nuestras fuerzas en diferentes áreas. Pero pocos se esfuerzan por conocer los principios espirituales que renuevan el interior. Y es allí donde, de manera inconsciente, algunos empiezan a rechazar lo que Dios mismo permite construir en la tierra.

Aunque todo se quede aquí, debemos agradecer a Dios por lo que nos concedemos: desde la familia hasta las bendiciones terrenales. Y si Cristo aún no ha regresado, lo más sabio es dejar una herencia de fe. Procura transmitir a tus hijos una buena enseñanza en Cristo Jesús, porque esa enseñanza vale más que el oro y la plata. Y si además de la enseñanza puedes dejar recursos materiales, entonces tus hijos habrán recibido la doble porción: la herencia espiritual y la preparación para afrontar la vida.

> ☞ *Hoy decido no centrar mi mirada en lo que se desgasta, sino en lo que permanece. Renuncio a la confusión y abrazo la revelación de lo eterno Mi hombre interior se renueva cada día y avanzo hacia el eterno peso de gloria en Cristo.*

Por eso es tan importante la revelación y la guía de un mentor espiritual. Así lo confirma Pablo al escribir:

2 Corintios 4:16-18 (Reina-Valera 1960)

"Por tanto, no desmayamos; antes aunque este nuestro hombre exterior se va desgastando, el interior no obstante se renueva de día en día. Porque esta leve tribulación momentánea produce en nosotros un cada vez más excelente y eterno peso de gloria; no mirando nosotros las cosas que se ven, sino las que no se ven; pues las cosas que se ven son temporales, pero las que no se ven son eternas."

De la misma forma que Pablo nos recuerda en 2 Corintios 4:16-18 acerca del desgaste exterior y la renovación interior, también muchos confunden lo que el salmista expresa en el libro de los Salmos:

Salmos 73:25-26 (Reina-Valera 1960)

"¿A quién tengo yo en los cielos sino a ti?
Y fuera de ti nada deseo en la tierra.
Mi carne y mi corazón desfallecen;
Mas la roca de mi corazón y mi porción es Dios para siempre."

En una explicación sencilla, el pasaje podría parafrasear así:

"Señor, en el cielo solo te tengo a Ti, y en la tierra nada me atrae si Tú no estás presente en mis decisiones. Mi fuerza y mi corazón pueden fallar, pero Tú eres el fundamento que me sostiene y la herencia que jamás me faltará."

En otras palabras, el salmista no está diciendo que ya no quiera tener familia, trabajo, comida o disfrutar de la vida en la tierra, sino que nada de eso tiene valor ni sentido si Dios no está en medio de ello. La idea central es: **"Prefiero a Dios sobre todas las cosas; sin Él, nada más me satisface."**

Por eso este verso complementa perfectamente lo que Pablo enseña: que no debemos fijar nuestra atención en lo que se ve y se desgasta, sino en lo eterno y verdadero. Es necesario prestar atención al contexto de cada inspiración bíblica y pedir revelación al Señor, porque Él no deja con dudas a nadie.

Muchos filósofos quedaron con preguntas, pero la verdad no se encontró en Atenas, sino en Jerusalén. Los griegos buscaron la sabiduría, pero . el pueblo de Dios recibió la **revelación**. Y la revelación jamás se queda en dudas.

Esto se remonta a los principios del Antiguo Testamento, donde ya se hablaba de la escalera de Dios. Jacob soñó con una escalera por la que subían y bajaban ángeles, y la historia relata que, al despertar, declaró:

"Y se levantó Jacob de mañana, y tomó la piedra que había puesto de cabecera, y la alzó por señal, y derramó aceite encima de ella."

Lamentablemente, la mayoría de las interpretaciones se han enfocado únicamente en lo que Jacob hizo después de despertar. Incluso se han compuesto alabanzas en torno a esa imagen. Era una escalera lo que Jacob veía, pero era la gloria de Dios.

Por años yo mismo me quedé con esa interpretación,

la cual se repetía y repetía en cada lugar donde iba. Siempre la escuchaba, hasta que entendí que había mucho más detrás de ese sueño. Hoy vamos a adentrarnos más allá de lo común y descubrir cómo esta visión de Jacob trasciende una simple interpretación superficial.

Dios se aparece a Jacob en Bet-el

La historia la encontramos en **Génesis 28:10-21**. El relato comienza diciendo:

> ☞ *Hoy decido mirar más allá de lo superficial y abrir mis ojos a la revelación de Dios. Renuncio a quedarme en interpretaciones limitadas y recibo la visión celestial que transforma mi vida.*

"Salió, pues, Jacob de Beerseba, y fue a Harán. Y llegó a un cierto lugar, y durmió allí, porque ya el sol se había puesto; y tomó de las piedras de aquel paraje y puso a su cabecera, y se acostó en aquel lugar. Y soñó: y he aquí una escalera que estaba apoyada en tierra, y su extremo tocaba en el cielo; y he aquí ángeles de Dios que subían y descendían por ella."

Aquí aparece la escalera: **apoyada en la tierra, con su extremo tocando el cielo**. Ese detalle es fundamental, aunque muchos no prestan atención a él. El punto de partida está en la tierra, pero la conexión va hacia lo alto.

El texto continúa:

"Y he aquí Jehová estaba en lo alto de ella, el cual dijo: Yo soy Jehová, el Dios de Abraham tu padre, y el Dios de Isaac; la tierra en que estás acostado te la daré a ti y a tu descendencia. Será tu descendencia como el polvo de la tierra, y te extenderás al occidente, al oriente, al norte y al sur; y todas las familias de la tierra serán benditas en ti y en tu simiente."

Este pasaje me encanta porque Dios no se limita a hablar solo de Jacob o de la descendencia judía, sino que declara que **todas las familias de la tierra serían benditas en su simiente**. Y esa simiente es Cristo, quien trasladó esa promesa hasta nosotros. Allí estamos incluidos tú y yo.

El relato prosigue:

"Y despertó Jacob de su sueño, y dijo: Ciertamente Jehová está en este lugar, y yo no lo sabía. Y tuvo miedo, y dijo: ¡Cuán terrible es este lugar! No es otra cosa que casa de Dios, y puerta del cielo." (Génesis 28:16-17)

Jacob mismo pronuncia las palabras claves: **"puerta del cielo"**, **"simiente"** y la **escalera apoyada en tierra y tocando el cielo**. Al levantarse temprano, tomó la piedra que había puesto de cabecera, la alzó por señal y derramó aceite sobre ella.

"Y llamó el nombre de aquel lugar Bet-el, aunque Luz era el nombre de la ciudad primero. E hizo Jacob voto, diciendo: Si fuere Dios conmigo, y me guardare en este viaje en que voy, y me diere pan para comer y vestido para vestir, y si volviere en paz a casa de mi padre, Jehová será mi Dios. Y esta piedra que he puesto por señal, será casa de Dios; y de todo lo que me dieres, el diezmo apartaré para ti." (Génesis 28:19-22)

Jacob comprendió que aquel encuentro era más que un sueño: era una **revelación del acceso a lo celestial**, un anticipo de lo que en Cristo recibiríamos como cielos abiertos.

Pero ahora veamos esta bendición desde los principios:

DESGLOSE PROFÉTICO Y SIMBÓLICO.

☞ *Hoy decido reconocer que mi vida está conectada al cielo por medio de Cristo. Así como Jacob vio la escalera apoyada en la tierra y tocando el cielo, yo camino bajo esa conexión divina. Declaro que donde Dios me lleva, allí se abre la puerta del cielo.*

✦ **1. La escalera apoyada en tierra y tocando el Cielo**

Cristo es el único camino legal entre el cielo y la tierra (Juan 1:51).

La escalera representa a Jesús como el puente viviente entre Dios y el hombre.

✦ Símbolo: **Jesús como acceso** → *"Nadie viene al Padre sino por mí"* (Juan 14:6)

En Juan 1:51, Jesús declara:

"De aquí adelante veréis el cielo abierto, y a los ángeles de Dios que suben y descienden sobre el Hijo del Hombre."

➤ Esta es una confirmación directa de que **Él mismo es la escalera viva que Jacob vio en el sueño**, el acceso eterno a los cielos abiertos.

🪨 2. La piedra que Jacob ungió

Jacob usa una piedra como cabecera → símbolo de reposo profético sobre la Roca.

Al despertar de la visión, unge la piedra con aceite, una imagen que en toda la Escritura representa al Mesías (Cristo = "Ungido").

✦ Símbolo: **Cristo como la Roca** → *"La piedra que desecharon los edificadores"* (Salmo 118:22)

✦ Pablo también lo confirma: *"y la roca era Cristo"* (1 Corintios 10:4)

✧ Por lo tanto, **Jacob está ungiendo la piedra como figura profética de Cristo**, anticipando que esa Roca sería el fundamento del acceso al cielo. ¡Esto es una sombra y figura, como enseñaba Pablo!

➤ 3. La mención de la simiente

En la misma visión, Dios le dice a Jacob:

"Será tu descendencia como el polvo de la tierra... y todas las familias de la tierra serán benditas en ti y en tu simiente." (Génesis 28:14)

Esta palabra conecta con la promesa dada a Abraham, y Pablo aclara su cumplimiento mesiánico:

☞ *"A Abraham fueron hechas las promesas, y a su simiente... la cual es Cristo."* (Gálatas 3:16)

✦ Así que Jacob no solo ungió una piedra, **también portaba la simiente**.

Y esa piedra ungida representa **a Cristo, la Simiente prometida, ungida por el Espíritu, establecida como puerta del cielo**.

☞ **4. "Y no me faltará pan ni vestido"** (Gén. 28:20)

Jacob hace voto diciendo que si Dios lo guarda y le da **pan para comer y vestido para vestir**, entonces Jehová será su Dios.

➤ **Pan** = provisión espiritual (Jesús dijo: *"Yo soy el pan vivo..."* - Juan 6:51)

➤ **Vestido** = cobertura de justicia (Isaías 61:10 – *"Me vistió de vestiduras de salvación"*)

☞ Esto conecta con **Bet-el**, que significa "Casa de Dios", donde hay pan, vestido, y acceso.
Incluso, el nombre **Belén** —lugar donde nació Jesús— significa *"Casa del Pan"*.

5. Esteban ve los cielos abiertos

En Hechos 7:56, Esteban, lleno del Espíritu Santo, declara:

> *"He aquí, veo los cielos abiertos, y al Hijo del Hombre que está a la diestra de Dios."*

✦ Esteban **no soñó como Jacob** ni esperó el cumplimiento como Natanael: **él vivió la manifestación del cielo abierto.** Confirmación absoluta de que **lo que Jacob vio como promesa, Esteban lo vio como realidad cumplida en Cristo.**

6. Jesús le dice a Natanael: "Verás los cielos abiertos"

Cuando Jesús encuentra a Natanael, le declara una revelación que conecta directamente con el sueño de Jacob, pero **ahora manifestada en tiempo presente:**

> *"De cierto, de cierto os digo: De aquí adelante veréis el cielo abierto, y a los ángeles de Dios que suben y descienden sobre el Hijo del Hombre."*
> (Juan 1:51)

Este versículo es una **joya profética** que reproduce la estructura del sueño de Jacob:

- Primero, **los ángeles suben desde la tierra hacia el cielo**, y luego descienden.
- No se menciona una escalera porque **Cristo es la escalera.**

- Los ángeles no suben y bajan por un objeto físico, sino que **suben y bajan "sobre el Hijo del Hombre"**, es decir, **Él es el acceso entre dimensiones.**

✧ Lo sorprendente es que siendo **ángeles** —seres celestiales que pueden aparecer o desaparecer según la voluntad divina— **deciden seguir una ruta visible y ordenada,** lo cual **nos habla de una legalidad espiritual:** ☞ **Nada sube o desciende del cielo si no es por medio de Cristo.**

➤ **Esto no es sólo una experiencia exclusiva para Natanael,** sino una declaración eterna:

"De aquí en adelante..."

☞ Jesús estaba anunciando **el inicio de una nueva era,** donde el cielo ya no estaría cerrado, sino **abierto continuamente para todos los que creen en Él.**

✦ **Símbolo profético:** Así como **Jacob soñó con una escalera,** nosotros **vivimos dentro de esa escalera.** Cristo ya no es una visión futura, **es el presente acceso** al Padre.

☞ Pero esta verdad ha sido poco interpretada por muchos. Se habla de ángeles, se predica de visiones, pero **se omite que esa escalera es Cristo mismo, y que ahora podemos vivir en ese nivel de acceso celestial como hijos.**

➤ **7. La piedra como señal, la casa de Dios y el testimonio del diezmo eterno**

"Y si volviere en paz a casa de mi padre, Jehová será mi Dios.
Y esta piedra que he puesto por señal, será casa de Dios;
y de todo lo que me dieres, el diezmo apartaré para ti."
(Génesis 28:21–22, RVR1960)

Este pasaje encierra una **revelación multidimensional**. Jacob no solo estaba haciendo un voto —estaba declarando una **profecía encubierta**:

☞ La mayoría piensa que la **"casa de Dios"** se refería simplemente al lugar físico (Bet-el), pero la clave está en la expresión:

"Esta piedra que he puesto por señal..."

🪨 Jacob declara que **la piedra misma sería la Casa de Dios**, lo cual nos remite directamente al **Cristo revelado** como **la Roca, el Templo viviente, y el fundamento del Reino.**

☞ **Simbolismo profético triple:**

- **La piedra** → Cristo como fundamento de la Iglesia
- **La escalera** → Cristo como acceso legal al Padre

- **La simiente** → Cristo como herencia y bendición universal

Todo en esa visión apunta a **una sola persona: Jesús.** Jacob no está simplemente marcando un lugar sagrado. Está **sellando una promesa divina basada en la revelación que vio.**

Pero esta revelación del diezmo profético no termina allí...

> *"Y de todo lo que me dieres, el diezmo apartaré para ti."*
> (Génesis 28:22)

Aquí Jacob entrega el **diezmo no a un sistema religioso,** sino al Dios que le reveló esa escalera.

Y si entendemos que **la piedra es Cristo, la simiente es Cristo, la escalera es Cristo,** entonces...

✧ **El diezmo fue declarado directamente hacia el Mesías prefigurado.**

Esto concuerda con lo que Pablo escribió siglos después:

> *"Y aquí ciertamente reciben los diezmos hombres mortales;*
> *pero allí, uno de quien se da testimonio de que vive."*
> (Hebreos 7:8, RVR1960)

▶ Cristo no solo **recibió el testimonio de la piedra,** también **recibe aún hoy los diezmos** como **Señor eterno que vive.**

Él es el Melquisedec celestial, y **Jacob lo honra de forma profética sin siquiera conocer aún su nombre.**

Este tema lo desarrollo a fondo en mi libro **"Abismos del Corazón: El Secreto de las Vibraciones"**, donde muestro cómo **los pactos invisibles tienen eco en el alma** y cómo **los actos espirituales como el voto, la ofrenda y la palabra,** trascienden el tiempo cuando están conectados a una **revelación genuina.**

Hoy, gracias a esa escalera viva, **podemos subir al Padre,** como lo soñó Jacob.

No por mérito, no por religión… sino por **la legalidad espiritual del sacrificio de Cristo.**

Eso es lo que Esteban vio al morir —*los cielos abiertos*— y eso es lo que Jesús le ofreció a Natanael al creer.

- **Efesios 2:6-7**
  "Y juntamente con él nos resucitó, y asimismo *nos hizo sentar en los lugares celestiales con Cristo Jesús,* para mostrar en los siglos venideros las abundantes riquezas de su gracia en su bondad para con nosotros en Cristo Jesús."

3. Juan 14:6 — Jesús, el camino al Padre (la verdadera escalera)

   "Yo soy el camino, y la verdad, y la vida; nadie viene al Padre, sino por mí."

   ➤ La escalera no es solo acceso; es **Jesús mismo como puente entre cielo y tierra.**

✦ 4. Efesios 2:18

"Porque por medio de él los unos y los otros tenemos entrada por un mismo Espíritu al Padre."

➤ La escalera representa **entrada al Padre**, ahora revelada en Cristo por el Espíritu.

✦ 5. Hebreos 10:19-20

"Así que, hermanos, teniendo libertad para entrar en el Lugar Santísimo por la sangre de Jesucristo, por el camino nuevo y vivo que él nos abrió..."

➤ La **escalera de Jacob es figura del acceso celestial**, ahora cumplido en Cristo.

☞ ¿Qué significa esto simbólicamente?

- La **escalera = acceso legal y espiritual al cielo**
- **Jacob la ve en un momento de transición y soledad**, lo cual muestra que **Dios abre el cielo cuando parece que todo está cerrado**
- Jesús la interpreta **como Él mismo**, revelando que no es un objeto, sino una persona: **Cristo es la escalera viva**

✦ Conclusión Profética

Cada detalle de este capítulo es una sombra del Mesías, y cada símbolo apunta a una verdad espiritual mayor:

- **La escalera** → es Cristo, el acceso entre el cielo y la tierra.
- **La piedra ungida** → es figura del Mesías, la simiente eterna.
- **El aceite** → representa al Espíritu Santo sobre Jesús.
- **La simiente** → es Cristo mismo, como lo confirma Pablo.
- **El pan y el vestido** → simbolizan la provisión y la justicia que hay en Él.
- **Bet-el (Casa de Dios)** → representa el Reino donde Cristo es el acceso permanente.
- **Los cielos abiertos** → son ahora una realidad para el creyente, no una visión futura.

Mientras algunos siguen anhelando ver las ventanas abiertas, muchos ya disfrutan hoy de la plenitud a la diestra de Jesús, porque los cielos ya están abiertos para el que cree.

☞ **Recuerda que:**

"Jacob vio una escalera, pero ungió una piedra. No era solo un sueño, era una profecía: la roca que ungió era Cristo, el aceite sobre ella era el Espíritu, y la simiente era el acceso. Allí no solo se abría una puerta al cielo... se establecía el acceso eterno."

> ☞ *Hoy decido vivir bajo la realidad de los cielos abiertos. Reconozco a Cristo como mi escalera, mi roca y mi acceso eterno al Padre. Declaro que mi vida está establecida sobre la piedra ungida y disfruto la plenitud del Reino aquí y ahora.*

Capítulo 12

Astucia con propósito eterno: el misterio del mayordomo infiel

✦ *"Hay historias que, aunque incomprendidas, contienen principios capaces de transformar radicalmente nuestra manera de pensar y vivir."*

Finalmente, hemos llegado al corazón de este libro. Después de explorar las virtudes que habitan en nosotros, quiero dejarte con esta poderosa reflexión sobre las **lecciones del Mayordomo Infiel**. Estoy seguro de que te conducirá a un nivel más alto, para que de aquí en adelante pienses como una **supernova sagaz**, recordando siempre que fuimos creados bajo el brillo y la semejanza de Dios.

Antes de entrar de lleno en este análisis, permíteme contarte cómo nace esta profunda reflexión, que fue precisamente la que me impulsó a escribir este libro. Cansado de las diferencias, y casi a punto de rendirme por lo que escuchaba de personas que se aprovechan de las buenas enseñanzas, me enfrenté a una realidad: muchos toman malas decisiones al lucrar con lo sagrado. Y esas malas decisiones manchan el nombre de los principios poderosos, alimentando con más fuerza el **síndrome del impostor** en las mentes y corazones que desean aspirar a una vida diferente en este mundo moderno.

> ☞ *Hoy decido ejercitar una **astucia guiada por el Espíritu** y orientada al **propósito eterno.***
> *Renuncio a toda culpa estéril y administro con integridad y sabiduría los recursos que Dios me confía. Bajo la luz de Cristo, mi mente piensa sagazmente y **cada decisión honra el Reino.***
> *Amén.*

Este libro, más que teoría, es una herramienta práctica para **levantar tu ánimo y fortalecer tu autoestima**, mostrándote cómo luchar día a día para salir adelante. Por eso, cada capítulo está diseñado para que te conviertas en una **supernova**, brillando con fuerza en medio de la oscuridad.

Y si en este momento eres de las personas que, por alguna razón, están atravesando situaciones de desánimo espiritual, de culpabilidad o de heridas emocionales, quiero recomendarte también mi obra: Abismos del corazón: El Secreto de las Vibraciones. En ella encontrarás recursos complementarios para sanar y renovar tu interior.

Después de esto, continúo contándote cómo inicié esta maravillosa experiencia. Cierta noche, mientras miraba un podcast sobre cómo salir de deudas, busqué información sobre el origen de la palabra **deuda**. Encontré que proviene del latín debita, participio pasivo del verbo debere, que

significa literalmente "deber". Al desglosarlo aún más, vi que está compuesto por dos raíces:
- **De**: preposición que indica "desde" o "por causa de".
- **Habere**: "tener" o "poseer".

Aquí todo cobró más sentido para mí. Aunque muchos piensan que solo la **tarjeta de crédito** genera deuda, descubrí que incluso la **tarjeta de débito**, al estar ligada a un sistema constante de consumo y dependencia, puede operar bajo el mismo principio: sentirte **obligado a tener**, a pagar, a poseer algo que en realidad no necesitas, o que tomas por presión, no por propósito.

✦ **La deuda, entonces, no solo es económica; también es emocional, mental y espiritual.** Y lo más peligroso no es tener deuda, sino **vivir como si fueras esclavo** de ella.

A partir de esta idea, le pedí al Señor que me diera **inteligencia y sabiduría** para moverme sobre estos **patrones** que tanto afectan a la humanidad: la deuda. Agradezco a Dios porque, mientras le pedía en voz baja, inmediatamente trajo a mi corazón un gran principio que en veinte años no había analizado a profundidad: un **misterio** para movernos con **astucia** sobre la tierra. Entonces, bajo una gran bendición y en vínculo con el tema de las deudas, el Señor me mostró este **precioso principio**. Y digo "el Señor" porque aún creo que Él sigue hablando en estos tiempos; de Él viene la inspiración. Hablo de la:

Parábola del Mayordomo Infiel.

Quiero contarte que, para mí, encontré que este pasaje es uno de los más sorprendentes y comentados del Evangelio de Lucas. Lo encuentras en **Lucas 16:4–9** y forma parte de la **parábola del mayordomo infiel o injusto**. Para mí, este poderoso principio es uno de los más potentes, porque aquí está escondida una de las claves más inmensas que Jesús dejó escondida. ¿Por qué te digo "escondida"? Porque Jesús lo dijo en **Mateo 11:25 (RVR1960)**: "En aquel tiempo, respondiendo Jesús, dijo: Te alabo, Padre, Señor del cielo y de la tierra, porque escondiste estas cosas de los sabios y de los entendidos, y las revelaste a los niños." Esto se convierte en una de las pistas de aterrizaje, casi de toda la Biblia, aunque te parezca increíble; pero juntos desglosamos paso a paso para entender lo que Jesús quiso enseñarnos aquí.

Jesús cuenta la historia de un **mayordomo (administrador)** que está por ser despedido por mal manejo de los bienes de su amo. Sabiendo que ya no tendría empleo, usa **astucia** para ganarse el favor de los deudores del amo, reduciendo sus deudas. Lo hace no por honradez, sino para asegurarse de que ellos lo "reciban" después en sus casas. Y la historia empieza aquí:

Lucas 16:1-13 (Reina-Valera 1960) Parábola del mayordomo infield

1 Dijo también a sus discípulos: Había un hombre rico que tenía un mayordomo, y este fue acusado ante él como disipador de sus bienes.

2 Entonces le llamó, y le dijo: ¿Qué es esto que oigo acerca de ti? Da cuenta de tu mayordomía, porque ya no podrás más ser mayordomo.

3 Entonces el mayordomo dijo para sí: ¿Qué haré? Porque mi amo me quita la mayordomía. Cavar, no puedo; mendigar, me da vergüenza.

☞ **Pero este análisis lo empezamos por el versículo 4 (explicado):**

Versículo 4

"Ya sé lo que haré para que cuando se me quite de la mayordomía, me reciban en sus casas."

Quiero que notes con qué **precisión** empieza a pensar este mayordomo.

El mayordomo planea **asegurar su futuro**. Sabe que será despedido y se dice: "Tengo que hacer algo ya, para no quedarme en la calle."

☞ Hoy decido pensar con astucia guiada por Dios. Mi mente se alinea al propósito eterno; administro con integridad lo que se me confía y cierro toda puerta a la esclavitud del temor o la culpa. En Cristo, cada decisión honra el Reino. Amén.

Versículos 5–7

Llama a los deudores y **reduce sus deudas:**
- De 100 barriles de aceite a 50.
- De 100 medidas de trigo a 80.
  ¿Por qué hace esto? Porque:

- **Él sabía** perfectamente que aún tenía **autoridad temporal** para hacer cambios en las cuentas.

• **Estaba invirtiendo en relaciones humanas**: al perdonar parte de la deuda, los beneficiados **se sentirían en deuda con él** y, cuando lo corrieran de su trabajo, **los que perdonó** lo ayudarían y **lo recibirían en sus casas**.

Versículo 8

"Y alabó el amo al mayordomo malo por haber hecho sagazmente..."

Aquí viene la sorpresa: ¡el **amo alaba al mayordomo**! No por su deshonestidad, sino por su **astucia** (inteligencia estratégica).

☞ **Frase clave de Jesús:** "Los hijos de este siglo (los incrédulos) son más sagaces... que los hijos de luz (los creyentes)."

Me encanta cómo Jesús presenta esta analogía: **los incrédulos**, muchas veces, **piensan y actúan con más estrategia en lo terrenal** que **los creyentes en lo eterno**.

Versículo 9

"Ganad amigos por medio de las riquezas injustas, para que cuando estas falten, os reciban en las moradas eternas."

Ahora quiero que prestemos mucha **atención** a este verso. **No** está promoviendo corrupción. Aquí, "**riquezas injustas**" se refiere a las **riquezas terrenales pasajeras** (en griego, mamón adikías), que no son malas en sí mismas, pero **son limitadas y temporales.**

➤ **Jesús está diciendo:** Usa los recursos que tienes **con sabiduría eterna. Invierte en el Reino,** en **ayudar,** en **bendecir,** en **hacer lo correcto...** porque cuando **lo material falte, lo eterno permanecerá.**

✧ **Aplicación práctica**

Pero ahora, llevémoslo a la **aplicación práctica:** lo que **Jesús** nos enseña es que **seamos mayordomos sabios** en esta tierra, no solo fieles. No basta con ser honestos; también se necesita **estrategia, previsión y diligencia** en lo espiritual y en lo material.

Como en el caso de este **mayordomo infiel,** piensa **totalmente diferente** a los **hijos de luz,** según Jesús. Quiero dejarte esta pequeña reflexión, basada en "los hijos de este siglo" (incrédulos): este mayordomo piensa de inmediato que **si siembra en favores** —porque recuerda que **cada pensamiento es una semilla,** sea para bien o para mal; **no hay cosecha sin semilla**— entonces actúa **sagazmente** y dice: "Si les ayudo, cuando me corran estoy seguro de que **no me quedaré en la calle.** No sé trabajar en labores pesadas; no sé pedir limosna; es más, me da **vergüenza** que, después de ser mayordomo, me vean **mendigando** o **haciendo trabajos** que no corresponden a mi experiencia. **Mejor les ayudo".** Eso fue lo que **alabó el amo** en él: **no** lo malo que hizo, **sino su forma de pensar.** ¿Por qué lo alabó? Porque, a pesar de ser malo o incrédulo, **supo pensar sagazmente** sin dudar.

Entonces Jesús dice en el **verso 9**:

Lucas 16:9 (RVR1960) — "Y yo os digo: Ganad amigos por medio de las riquezas injustas, para que cuando éstas falten, os reciban en las moradas eternas."

Lo que Jesús dijo, en palabras más sencillas: **sean pilas**, sean un poco más **inteligentes; esfuércense en reflexionar y meditar**; no sean tan **ordinarios** en su manera de pensar. Vean lo que hizo este hombre: **siembren en el Reino**, analicen lo que hacen.

¿Ustedes creen que si este recibió **recompensa o ayuda** de parte de la gente a la que ayudó el día que lo corrieron, **ustedes no la recibirán** si **siembran en el Reino**? Si **ofrendan**, si **diezman voluntariamente** —para testificar que Yo estoy vivo—, si **ayudan a los demás**, si **hacen obras en Mi Reino**, ¿ustedes creen que **Yo los voy a abandonar** cuando estén escasos y necesitados?

☞ Hoy elijo pensar y actuar con astucia orientada a lo eterno. Administro con integridad los recursos temporales para sembrar amistad, favor y propósito en el Reino. Rechazo la corrupción y abrazo la sabiduría de Jesús en cada decisión. Amén.

Cuando les falte, les garantizo que, si aprenden del **mayordomo infiel**, cuando estén en aprietos, **desde las moradas eternas** será suplido lo que les falta.

✦ Lamentablemente, lo que mucho se escucha hoy, en lugar de reflexionar sobre la analogía que Jesús ofrece, es un **mal uso de estos principios**. Por un lado, hay quienes **se aprovechan** de ellos, y por otro, quienes se enredan en **discusiones**

interminables: que si se diezma o no se diezma, que si se ayuda o no se ayuda, que si se ofrenda o no se ofrenda.

En vez de pensar: "si aquel mayordomo malo no fue desamparado", reflexiona conmigo: **¿cuánto más yo, que le sirvo al Creador?**

☞ ¿Crees que si diezmas u ofrendas, Él se va a quedar de brazos cruzados?

✦ ¡Imposible! El Dios que recompensa la fe honra la obediencia de quienes siembran en su Reino.

☞ Todo esto es **terrible**, porque desvía la atención de la **enseñanza central**. Jesús no elogió el **robo** del mayordomo, sino su **astucia** para pensar con agilidad. Y así debemos hacerlo nosotros, **solo que en lo celestial**.

▶ **Las riquezas** son una **herramienta**, no un fin. Úsalas para **bendecir**, **construir relaciones**, **apoyar el evangelio** y asegurar un **fruto eterno**.

▶ **Dios observa** cómo administramos lo **temporal**. Si somos **fieles en lo poco** (dinero, tiempo, recursos), Él nos **confiará lo mucho** (responsabilidades eternas).

✦ **Los hijos de este siglo (los incrédulos)**

Esta es la **definición** que se les da a los **hijos de este siglo**. Lo increíble de esto es que **Jesús** dice que **son más sagaces en el trato con sus semejantes** que los **hijos de**

luz.

Eso me llevó a **reflexionar** y **analizar** a los mejores **pioneros del pensamiento positivo y la mente subconsciente.** Imagina por un momento **cómo pensó** este mayordomo. Ahora, si puedes, tómate el tiempo para **escuchar** a esta lista de conferencistas —algunos seculares, otros creyentes cristianos—. En lo personal, quiero pedirte de favor que **vayas y los busques** en **YouTube**, o en tu **herramienta digital favorita**; y si aún tienes **discos o casetes**, úsalos. Lo que deseo es que los **escuches** y verás que **en su boca no hay negatividad, no hay duda;** practican lo que **visualizan**, lo **practican** y lo **llevan a la realidad. Todo nace en un pensamiento**.

☞ Hoy decido ejercer una mayordomía sabia: pienso con astucia del Reino, siembro con propósito eterno y administro con integridad lo que Dios me confía. Rechazo toda mentalidad de escasez y abrazó la previsión, la diligencia y la generosidad que honran a Jesús. Amén.

Los que **no** son sagaces pensarán que **solo son cortinas de humo**. Aunque no hay que descartar que **sí hay gente** que se **aprovecha** de esto, la **mayoría** de los que te voy a dejar aquí son **gente de éxito**. Algunos **llegaron a ser muy exitosos**; otros, incluso **presidentes de Estados Unidos**, fueron personas que **escucharon atentamente** y **siguieron al pie de la letra** las **repeticiones mentales** del diario vivir; y, claro, **vieron victoria** en sus vidas.

De esta gente es de la que **Jesús habló**, cuando dijo que quienes **no buscan a Dios** son a veces **más hábiles para pensar** que los que **dicen ser hijos de Dios**. Y es así de sencillo es que ves a esta gente con **grandes fortunas terrenales**: porque **entre ellos no hay duda. Búscalos y escúchalos. Medita** y **reflexiona**: **¿qué estás haciendo mal** para que las cosas **no se manifiesten** en tu vida?

> ☞ *Hoy decido pensar sagazmente y actuar con convicción. Renuncio a la duda y a toda palabra que detenga mi propósito. Escucho, medito y practico lo que edifica; siembro en mi mente pensamientos de fe, disciplina y propósito eterno. En Cristo, mis decisiones honran el Reino. Amén.*

Un día escuché a **Lewis Howes** en una entrevista que le hizo al actual youtuber más famoso del mundo, **MrBeast**. Le preguntó: "¿Crees en las manifestaciones, que lo que piensas atraes?". Y él, sin titubear, **contestó** que **no creía** en el **poder de la manifestación**, sino que **creía profundamente** que **como él se veía, a plazo de dos años, así sería. Sin dudar:** una **convicción activa**. Nada de "yo **visualizo** para manifestar"; **dijo**: "Como me veo, así es". **Me quedé sorprendido**, porque **ya había entendido** el **principio del mayordomo infiel**. Por eso te dejo esta lista para que **vayas**, los **busques** y **veas** que en su mente **solo hay pensamientos sagaces**.

✦ Pioneros del Pensamiento Positivo y la Mente Subconsciente

Napoleon Hill (1883–1970) → Autor de Piense y hágase rico (1937). Considerado el padre del desarrollo personal moderno.

Norman Vincent Peale (1898–1993) → Autor de El poder del pensamiento positivo (1952). Uno de los primeros en popularizar la fe y la psicología práctica.

Joseph Murphy (1898–1981) → Autor de El poder de la mente subconsciente (1963). Enfocado en el poder espiritual y mental para transformar la vida.

✦ Filosofía de la Imaginación y Metafísica

Neville Goddard (1905–1972) → Conferencista y escritor sobre imaginación creativa, fe y manifestación. Muy influyente en temas espirituales y metafísicos.

✦ Motivación y Riqueza

Earl Nightingale (1921–1989) → Conocido por El secreto más raro del mundo (1956). Maestro de la motivación y precursor del audio educativo.

Jim Rohn (1930–2009) → Mentor de Tony Robbins. Inspiró a toda una generación con su enfoque práctico sobre éxito y filosofía de vida.

✦ Era Moderna de Conferencistas y "Coaches" de Éxito

Bob Proctor (1934–2022) → Gran referente de La Ley de la Atracción y del documental El Secreto (2006).

Louise Hay (1926–2017) → Autora de Usted puede sanar su vida (1984). Pionera en afirmaciones y sanidad emocional.

Wayne Dyer (1940–2015) → Escritor y conferencista sobre autoayuda espiritual, autor de Tus zonas erróneas.

✦ Conferencistas Contemporáneos

Tony Robbins (1960–) → Autor de Poder sin límites y Despierta tu héroe interior. Considerado el coach de vida y negocios más influyente de las últimas décadas.

Robin Sharma (1964–) → Autor de El monje que vendió su Ferrari. Enfocado en liderazgo y crecimiento personal.

Deepak Chopra (1946–) → Maestro en espiritualidad y medicina mente-cuerpo.

➤ En resumen:

Primera generación (Hill, Peale, Murphy) = raíces del pensamiento positivo.

Segunda generación (Neville, Nightingale, Rohn) = enfoque metafísico y motivacional.

Tercera generación (Proctor, Hay, Dyer) = espiritualidad práctica y ley de atracción.

Actuales (Robbins, Sharma, Chopra, etc.) = coaching, liderazgo y expansión global.

➤ Miguel Ángel Cornejo (1946 – 2015)

Fue un **conferencista, escritor y empresario mexicano**, considerado uno de los pioneros del liderazgo y la superación personal en Latinoamérica.

Es muy recordado por su estilo **enérgico, apasionado y retador**, con frases directas que buscaban despertar la disciplina, la excelencia y la mentalidad de éxito.

> ☞ *Hoy decido creer sin dudar y vivir como hijo de luz. Afirmo mi identidad en Cristo, rechazo toda tiniebla de incredulidad y abrazo la fe que pide conforme a su voluntad. Mi mente y mi corazón se alinean al propósito eterno; en todo, honro el Reino. Amén.*

Fundador del **Centro de Calidad y Productividad de México**, desde donde ofrecía cursos, seminarios y capacitaciones.

Escribió más de 30 libros, entre ellos:

- El arte de hacer dinero
- Liderazgo: El poder de la visión
- El valor de la excelencia

🎤 **Estilo de sus conferencias**

Usaba un **lenguaje fuerte y motivador**, a veces polémico, para desafiar la mediocridad.

Tocaba temas de liderazgo, excelencia, productividad, disciplina, calidad y mentalidad de triunfo.

Era común escucharlo repetir frases como: "¡Disciplina, disciplina, disciplina!" o "La mediocridad es el peor enemigo del éxito".

✦ Influencia

Impactó a miles de personas en México, Centroamérica y Sudamérica.

Su legado lo convirtió en una **figura clave de la motivación en español**, muy similar a lo que representaba Jim Rohn o Tony Robbins en el mundo anglosajón.

Hasta hoy, muchos de sus **videos y audios circulan en YouTube** como fuente de inspiración.

✦ Los hijos de luz (los que creen en el Hijo de Dios, Jesucristo)

➤ **1 Tesalonicenses 5:5; Juan 12:36; Efesios 5:8**
«Porque todos vosotros sois hijos de luz e hijos del día; no somos de la noche ni de las tinieblas.»

Esta es la interpretación que se les da a los **hijos de luz**; pero **Jesús** se entristece de que quienes **dicen creer en Él** no se esfuercen por **conocer más sus misterios**. Imagina la lista que te dejé de los **pioneros del pensamiento positivo**; y, en todo el libro, he venido mencionando que **somos creados a imagen de Él**, que **tenemos su brillo**. Lo que nos afecta, como creyentes cristianos, son **espíritus malignos** que habitan en las **regiones celestes** —según Pablo en **Efesios 6:12**—; ellos son los principales interesados en que quienes creen en **Jesús no vivan en plenitud de gozo.**

Cuando debería ser **al revés**: nosotros, los que creemos en el **Todopoderoso**, debemos **apoyarnos con más entusiasmo**, porque **todo lo podemos en Cristo que nos fortalece**. Mira lo que nos enseña la Palabra de Dios en estos versículos; se nos anima a **creer y no dudar**:

➤ **1 Juan 5:14-15**
14 Y esta es la confianza que tenemos en él, que si pedimos alguna cosa conforme a su voluntad, él nos oye.
15 Y si sabemos que él nos oye en cualquiera cosa que pidamos, sabemos que tenemos las peticiones que le hayamos hecho.

➤ **Marcos 11:23**
23 Porque de cierto os digo que cualquiera que dijere a este monte: Quítate y échate en el mar, y no dudare en su corazón, sino creyere que será hecho lo que dice, lo que diga le será hecho.

➤ **Santiago 1:6**
6 Pero pida con fe, no dudando nada; porque el que duda es semejante a la onda del mar, que es arrastrada por el viento y echada de una parte a otra.

✧ **Hombres de fe que pensaron sagazmente**

Pero como ya te dejé los pioneros del pensamiento positivo, también quiero dejarte una lista de hombres de fe que fueron **sagaces** en su manera de pensar y de hacer las cosas.

Jesús contrasta la **astucia natural** con la **sabiduría espiritual**. Pero en la Biblia también tenemos ejemplos de hombres de Dios que **sí pensaron sagazmente** (estratégica y prudentemente), y sus historias quedaron como referencia. Aquí te enlisto algunos con sus versículos:

✦ **Moisés**

Éxodo 18:24 – Supo escuchar consejo de Jetro para organizar al pueblo en jefes de miles, de cientos y de cincuenta.

"Y oyó Moisés la voz de su suegro, e hizo todo lo que dijo."

➤ **Estrategia:** No cargar solo con todo el pueblo, sino **delegar**. Eso es pensar sagazmente.

✦ **Josué y Caleb**

Números 13:30 – Mientras los demás espías se enfocaron en los gigantes, Caleb pensó con **fe estratégica**.

"Entonces Caleb hizo callar al pueblo delante de Moisés, y dijo: Subamos luego, y tomemos posesión de ella; porque más podremos nosotros que ellos."

Josué 14:12 – Caleb, anciano, pero con **visión sagaz**:

"Dame, pues, ahora este monte… quizá Jehová estará conmigo, y los echaré como Jehová ha dicho."

➤ **Estrategia:** Mientras otros vieron **obstáculos**, ellos vieron **oportunidades** respaldadas por la **promesa de Dios**.

✦ José en Egipto

Génesis 41:33-36 – Interpreta el sueño del Faraón y da un **plan económico** para administrar la abundancia y la escasez.

"Provéase, pues, ahora Faraón de un varón prudente y sabio, y póngalo sobre la tierra de Egipto."

➤ **Estrategia:** Pensó con **visión administrativa y preventiva** para **salvar a naciones enteras**.

✦ Daniel

Daniel 1:8-9 – Usó **sagacidad** para no contaminarse con la comida del rey, proponiendo una alternativa.

"Y Daniel propuso en su corazón no contaminarse... y pidió al jefe de los eunucos que no se le obligase a contaminarse."

➤ **Estrategia: Negoció con prudencia** sin rebelarse, manteniendo sus **convicciones**.

✦ Nehemías

Nehemías 2:7-8 – Antes de reconstruir los muros, pide **cartas de autorización** al rey y **materiales**.

"Y dije al rey: Si le place al rey, que se me den cartas... y carta para Asaf, guarda del bosque del rey, para que me dé madera..."

➤ **Estrategia: Planeó** con **recursos, permisos** y **visión a largo plazo.**

✦ **Ester**

Ester 5:1-2 – No entra impulsivamente ante el rey; **espera el momento oportuno** y prepara **banquetes estratégicos.**

"Aconteció que al tercer día, vistió Ester su vestido real, y entró en el patio interior…"

➤ **Estrategia:** Usó **sagacidad** para **salvar a su pueblo.**

Así como Jesús dijo que los **"hijos de este siglo"** piensan sagazmente, también la Escritura muestra que los **hombres y mujeres de fe** ejercieron esa **sagacidad** en el marco de la fe y la obediencia. Esto queda como referencia de que **sí es posible** con la **ayuda de Dios.**

☞ *Hoy elijo la sagacidad de la fe: pienso con prudencia, decido con visión y actúo con obediencia. Delego cuando corresponde, planifico con orden y defiendo mis convicciones con mansedumbre. Con la ayuda de Dios, uso lo temporal para sembrar en lo eterno. Amén.*

✦ **El Secreto Está en Casa**

Recuerda que para dar el primer paso lo único que necesitas es **creer.** Muchas veces lo que buscas ya está en tu casa, como ocurrió en la historia de la viuda y el profeta Eliseo en **2 Reyes 4**, cuando el aceite fue multiplicado.

Es una historia hermosa que nos recuerda que Dios puede usar lo poco que tenemos para manifestar su abundancia. Solo necesitamos pedirle sabiduría para aprender a pensar sagazmente sobre la tierra y así vivir una vida más plena y gozosa.

✦ Conclusión sobre el contenido de este libro

En ningún momento Jesús está elogiando el robo, sino enseñando que la **astucia con propósito eterno es verdadera sabiduría**. Muchos son expertos en los asuntos del mundo, pero lentos para discernir los principios del Reino.

Como hijos de luz, debemos ser intencionales, estratégicos y generosos. Sobre todo, agradecidos por lo que Dios nos da en la tierra, aun sabiendo que lo eterno vale más que lo temporal. Esto no significa menospreciar lo que poseemos, sea poco o mucho, pues en la mayoría de los casos todo lo que tenemos es fruto del esfuerzo y del desgaste de nuestra vida. ¡Qué maravilloso privilegio es estar de pie y poder disfrutar lo recibido!

El apóstol Pablo lo confirma en Hebreos 13:5, donde enseña que debemos estar contentos con lo que tenemos ahora. Eso no significa dejar de pensar con sagacidad, pues de lo contrario no hubiera escrito también estas palabras:

1 Timoteo 6:17 (Reina-Valera 1960)

"A los ricos de este siglo manda que no sean altivos, ni

pongan la esperanza en las riquezas, las cuales son inciertas, sino en el Dios vivo, que nos da todas las cosas en abundancia para que las disfrutemos."

☞ Nota la interpretación correcta: el texto afirma que siguen existiendo ricos, pero les ordena que disfruten. **Disfrutar** no significa caer en tacañería ni en la obsesión de acumular sin usar; se refiere a no poner la mirada en las riquezas como fin en sí mismas. Pablo lo aclara con firmeza: **Dios nos da todas las cosas en abundancia para que las disfrutemos.** No dice "en escasez".

Esa expresión de abundancia me encanta, porque refleja la convicción de Pablo al hablar de un Dios generoso que provee sin duda ni limitación.

Gracias por acompañarme hasta aquí. Quiero confesarte que la razón más grande por la cual decidí escribir

> ☞ *Hoy decido caminar con astucia y generosidad, disfrutando con gratitud lo que Dios me da. Renuncio a la avaricia y a la tacañería, y abrazo la abundancia que el Padre ha puesto en mis manos. Mi dádiva abrirá puertas y me llevará delante de los grandes.*

este libro es para aportar un granito de arena a tu vida, entregándote herramientas para enfrentar los desafíos diarios. Si has entendido estos principios, entonces quiero dejarte con este maravilloso texto:

Proverbios 18:16 (RVR1960, paráfrasis sencilla)
"La dádiva del hombre le ensancha el camino, y le lleva delante de los grandes."

➤ **Explicación en palabras simples**:

Cuando una persona es generosa y sabe dar —ya sea un regalo, un favor o algo valioso— ese acto le abre puertas. La generosidad puede ayudarle a avanzar en la vida, a tener oportunidades que no esperaba y hasta llegar a estar frente a personas importantes o influyentes.

☞ **En resumen**: Dar con sabiduría y generosidad puede abrirte caminos y llevarte a lugares donde de otra forma nunca llegarías.

✦ *Espero que, después de llegar hasta aquí, recuerdes lo siguiente:*
Podrás poseer **secretos** y **claves**, pero si no te atreves a dar el **primer paso** y a **persistir en tus propósitos**, jamás descubrirás lo que hay **más allá de la tierra… o del universo.**

➤ Porque no es la **fuerza** la que vence, sino la **persistencia**.
Un viejo proverbio dice que **la gota de agua perfora la roca**, no por su fuerza, sino por su constancia: lo hace **golpe a golpe, gota a gota**, hasta terminar atravesando la roca, por su **persistencia día tras día, sin rendirse jamás.**

www.ingramcontent.com/pod-product-compliance
Lightning Source LLC
Chambersburg PA
CBHW071428090426
42737CB00011B/1596